Basteln mit den ALLERKLEINSTEN

Naturmaterialien

Inhalt

Raus in die Natur!

Frühling, Sommer, Herbst und Winter – die Schatzkammern der Natur sind das ganze Jahr über reich gefüllt. Es gibt immer etwas zu staunen und zu entdecken. Hier darf nach Herzenslust gesammelt werden. Unglaublich, welche Schätze die Kinder im Garten, im Wald und auf der Wiese finden!

Auf meinem Balkon stapeln sich die Fundstücke, die meine zwei Söhne von Ausflügen und Spaziergängen nach Hause gebracht haben. Steine, Äste, Rindenstücke, Zapfen und leere Schneckenhäuser werden in den Blumentöpfen versteckt und wie kostbare Edelsteine gehütet. Und natürlich wird begeistert mit ihnen gebastelt und gespielt.

Die Schätze der Natur beflügeln die Fantasie der Kinder. Aus leblosen Steinen werden Tiere. Äste verwandeln sich in Menschen und aus Rindenstücken werden Häuser und Flugzeuge. Aber nicht nur darum sind Naturmaterialien ein fantastisches Bastelmaterial. Beim Sammeln können die Kinder hautnah den Jahreslauf erleben. Schon allein dafür haben sich Kastanie, Tannenzapfen und Co. eine Auszeichnung verdient!

Ganz nebenbei bieten Naturmaterialien ein reiches Angebot für die Sinne. Schwere Steine, duftende Tannenzapfen, bunte Blüten, süße Früchte, harte Nüsse – jedes Material ist anders und erfordert einen anderen Umgang. Darum wird in diesem Buch nicht nur gemalt, geschnitten, geknickt und geklebt: Auch kleine Handwerker und süße Leckermäuler kommen bei den Bastelideen auf ihre Kosten.

Ich wünsche viel Spaß beim Sammeln, Basteln und Genießen!

Susanne Pypke

im Frühling

Körnerküken

1 Übertrage das Küken mithilfe der Vorlage auf den zitronengelben Tonkarton und schneide es mit der Schere aus.

2 Klebe das Wackelauge und die Körner auf das Küken. Verwende ordentlich Klebstoff und gehe Stück für Stück vor, da der Klebstoff sonst zu schnell trocknet und die Körner nicht gut halten.

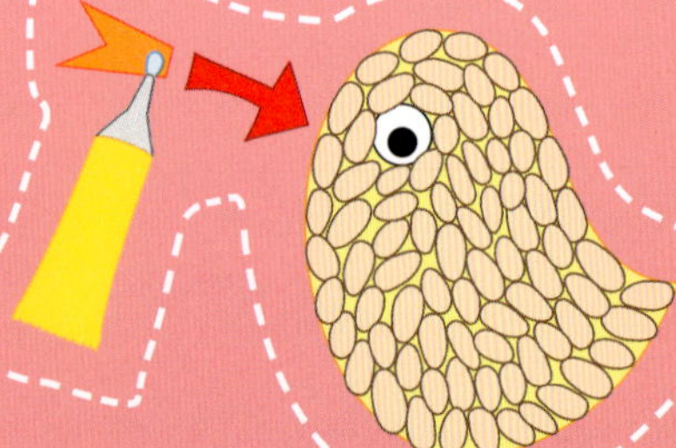

3 Schneide aus dem orangefarbenen Tonkartonrest einen kleinen Schnabel aus und klebe ihn auf der Rückseite deines Kükens auf.

4 Klebe die beiden Tonkarton-Quadrate und das Küken aufeinander. Zum Schluss zeichnest du mit dem schwarzen Stift die Beine und Füße des Kükens auf.

DU BRAUCHST

* Tonkarton in Zitronengelb, ca. 15 cm x 15 cm
* Bleistift
* Schere
* Wackelauge, ø 1,5 cm
* getrocknete Maiskörner oder weiße Bohnen
* Alleskleber
* Tonkarton in Orange, 15 cm x 15 cm und Rest
* Tonkarton in Goldgelb, 14 cm x 14 cm
* Filzstift in Schwarz

Vorlage: Küken auf Seite 76

Grasraupe

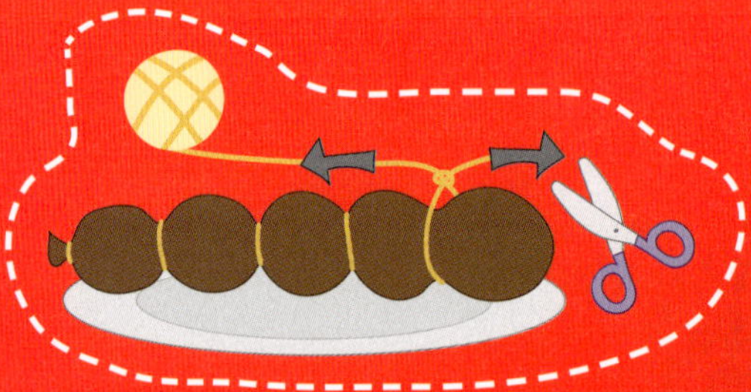

1 Breite die Blumenerde flach aus und bestreue sie dicht mit Grassamen. Vermische die Erde und die Samen mit den Händen und fülle sie in den Kniestrumpf.

2 Mach einen Knoten in den Strumpf und schneide das offene Ende ab. Forme die Erde im Strumpf zu fünf etwa gleich großen Kugeln und binde den Strumpf zwischen den Kugeln mit dem reißfesten Faden ab.

DU BRAUCHST

* Blumenerde, ca. 10 große Hände voll
* Ostergras-Samen, ca. 30 g
* Feinstrumpf-Kniestrumpf in Braun
* kleine Gartenschaufel
* reißfester Faden, ca. 4x 30 cm lang
* Duo-Chenilledraht in verschiedenen Farben, 8x 12,5 cm lang und 2x 15 cm lang
* Schaschlikstäbchen
* 2 Wackelaugen, ø 1,5 cm
* Alleskleber

TIPP

Stelle die Raupe auf einen Untersetzer und gieße sie täglich. Nach ein paar Tagen werden die ersten Grashalme sprießen. Mit der Schere kannst du die Grashaare der Raupe frisieren.

3 Rolle die langen Chenilledraht-Stücke für die Fühler an einem Ende ein. Stich mit dem Schaschlikstäbchen zwei Löcher in den Kopf, steck die Fühler hinein und klebe die Wackelaugen auf.

4 Nun stichst du mit dem Schaschlikstäbchen zwischen den Kugeln Löcher in den Strumpf und steckst die übrigen Chenilledraht-Stücke als Beine ein. Jetzt musst du nur noch fleißig gießen, damit das Gras sprießt.

Schnecken mit Filzhaus

DU BRAUCHST

* Ast, ø 1,5 cm, 8 cm lang
* Acrylfarbe oder Abtönfarbe in Gelb oder Beige
* Pinsel
* Bastelfilz, 1-2 mm stark, in zwei passenden Farben
* Schere
* UHU® Alleskleber Gel
* 2 Reißnägel in Weiß
* 2 Wackelaugen, ø 1 cm

1 Bemale den Ast am vorderen Ende mit der Farbe, damit die Schnecke ein Gesicht bekommt. Lass die Farbe gut trocknen.

2 Schneide von dem Filz in jeder Farbe zwei Streifen ab, jeweils 1,5 cm breit und 30 cm lang.

3 Lege die Filzstreifen aufeinander und rolle sie zu einem Schneckenhaus auf. Die Enden schneidest du auf die gleiche Länge und klebst sie fest, damit sich das Schneckenhaus nicht mehr entrollt.

4 Klebe das Schneckenhaus auf den Ast. Stecke vorn zwei Reißnägel als Fühler ein und klebe zum Schluss die zwei Wackelaugen auf.

Eiertiere

1 Male die Eier mit der Farbe an (siehe Seite 71) – eines hellbraun mit weißem Bauchfleck, eines gelb mit hellgelbem Bauchfleck und eines schwarz. Lass die Farbe gut trocknen.

2 Schneide mithilfe der Vorlage den Filz zu. Der Hase bekommt Füße und Ohren, das Küken bekommt Füße, einen Schnabel und einen Kamm, das Schaf bekommt Ohren.

3 Klebe die Filzteile auf die Eier und drücke sie bei Bedarf etwas an, bis der Klebstoff angetrocknet ist. Dann rollst du kleine Kugeln aus der Watte und klebst sie auf das Schaf.

4 Klebe jedem Tier zwei Wackelaugen auf. Die Gesichter malst du mit den Stiften auf. Die Wangen kannst du mit dem Buntstift röten.

DU BRAUCHST

* 3 ausgeblasene Eier
* Acrylfarbe in Hellbraun, Weiß, Gelb, Hellgelb und Schwarz
* Pinsel
* Bastelfilz in Weiß, Rosa, Orange und Schwarz
* Schere
* UHU® Alleskleber Gel
* Watte
* 6 Wackelaugen, ø 8 mm
* Filzstift in Schwarz
* Gelschreiber in Weiß
* Buntstift in Rot

Vorlagen: Seite 77

Oster-Nest

1 Blase den Luftballon auf und mach einen Knoten in das Ende. Dann bestreichst du die untere Hälfte dick mit Tapetenkleister.

2 Verteile Heu auf der unteren Hälfte, drück es mit der Hand an und bestreiche es mit Tapetenkleister. Das machst du so oft, bis der Ballon gut bedeckt ist.

3 Hänge den Ballon am Knoten zum Trocknen auf. Das kann, je nach Dicke der Heuschicht, ein paar Tage dauern. Wenn alles ganz trocken und fest ist, kannst du den Ballon zerschneiden und vorsichtig entfernen.

4 Schneide den Rand des Osternestes mit der Schere in Form. Fädle das Geschenkband in die Sticknadel und webe es am Rand entlang durch das Heu. Die Enden verknoten.

DU BRAUCHST

* Luftballon
* Tapetenkleister
* Pinsel
* Heu
* dicke Sticknadel
* Geschenkband in Hellgrün
* Schere

Kuchen im Ei

DU BRAUCHST

* 10 gefärbte, rohe Eier
* Stecknadel
* Speiseöl
* Alufolie
* Muffinbackform
* Spritztüten

Für den Teig

* 1 Ei (Größe L)
* 50 g Margarine
* ½ Packung Vanillezucker
* 50 g Zucker
* 125 g Dinkelmehl, Typ 630
* 1 TL Backpulver
* 100 ml Milch
* nach Wunsch Lebensmittelfarben

1 Stich mit der Stecknadel ein kleines Loch in das spitze Ende der Eier. Danach brichst du am dicken Ende ein fingerdickes Loch in die Schalen und schüttest den Inhalt heraus.

2 Spüle die Eier gut aus und lass sie trocknen. Danach füllst du etwas Öl hinein und drehst die Eier hin und her, damit die Innenseite mit Öl bedeckt wird.

3 Alle Zutaten für den Teig in einer Rührschüssel zu einem glatten Teig verrühren. Wenn die Kuchen-Eier bunt werden sollen, teilst du den Teig in mehrere Portionen und färbst diese mit Lebensmittelfarbe ein.

4 Forme mit Alufolie kleine Nester in den Vertiefungen der Muffinform und setze die Eier hinein. Fülle den Teig mit den Spritztüten in die Eier, bis sie etwa zur Hälfte voll sind. Bei 180 Grad (Ober- und Unterhitze) etwa 20 Minuten backen.

Ast-Hasen

DU BRAUCHST

* Ast mit dicker Astgabel
* Handsäge für Kinder
* Werkbank oder alter Tisch und Schraubzwinge
* dicke, flauschige Wolle, z. B. in Rosa, Hellgrün oder Gelb
* Wattestäbchen
* Bastelfarbe in Weiß
* Filzstift in Schwarz
* Jutekordel, 6 cm lang
* Alleskleber

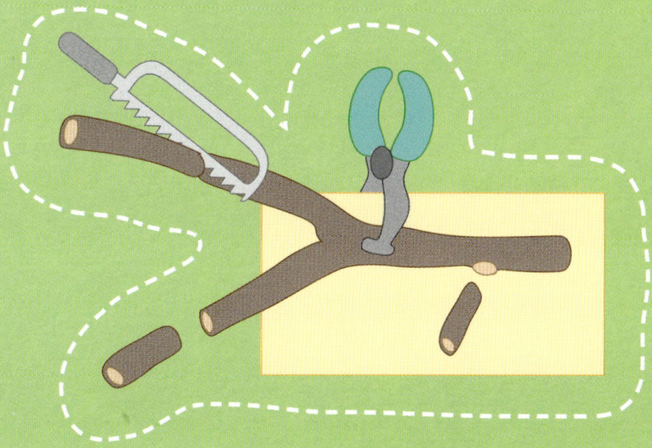

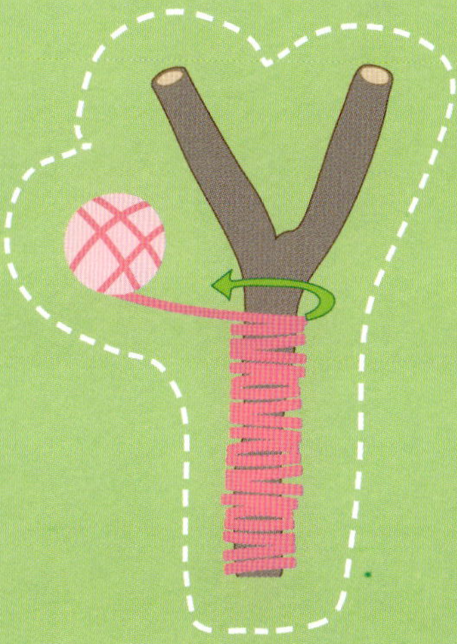

1 Säge den Ast etwa 8 cm unterhalb der Astgabel ab. Über der Astgabel lässt du die Zweige etwa 5 cm stehen, den Rest sägst du ebenfalls ab.

2 Wickle nun die Wolle unterhalb der Astgabel um den Ast. Das Ende einfach unter den Fäden einstecken.

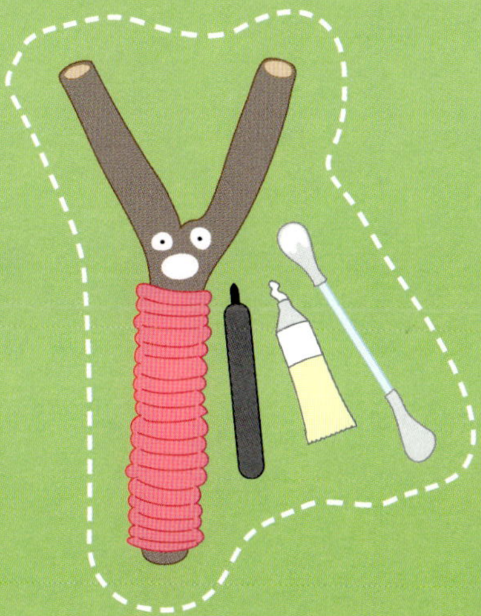

3 Tupfe mit dem Wattestäbchen zwei weiße Augen und die Schnauze auf und male nach dem Trocknen der Farbe schwarze Pupillen auf.

4 Mach einen einfachen Knoten mittig in das Jutegarn, spalte die Enden auf und klebe den Knoten mittig auf die Schnauze.

IM
SOMMER

Kieselstein-Biene

DU BRAUCHST

* Kieselstein, oval, ca. 6 cm lang
* Bastelfarbe in Gelb und Schwarz
* Pinsel
* Schreibpapier
* Filzstift in Hellblau
* Schere
* Alleskleber
* 2 Wackelaugen, ø 1 cm
* Chenilledraht in Braun, 2x 5 cm lang

Vorlage: Flügel auf Seite 73

1 Male den Kieselstein gelb an. Nach dem Trocknen malst du mit Schwarz den Kopf und die Streifen auf.

2 Lege die Vorlage für den Flügel zweimal auf das Schreibpapier und umfahre sie mit dem Filzstift.

3 Schneide die Flügel aus und klebe sie mit der Spitze auf die Biene.

4 Klebe die Wackelaugen und die Chenilledrähte als Fühler an den Kopf. Fertig ist die Biene!

Blüten-Eis

1 Zupfe einzelne Blütenblätter aus den Blüten oder entferne die Stiele und grünen Teile.

2 Vermische den Holunderblütensirup mit dem Wasser oder dem Joghurt.

3 Gib die Blüten in die Eisformen und füll das Holunderwasser oder den Joghurt bis fingerbreit unter den Rand ein.

4 Die Formen liegend im Gefrierschrank über Nacht (ca. 12 Stunden) zu Eis werden lassen.

DU BRAUCHST

* essbare Blüten, z. B. Kornblume, Lavendel, Wildrose, Ringelblume, Kamille, roter Klee, Taubnessel
* 100 ml Holunderblütensirup
* 200 ml Wasser oder Joghurt
* 4 Eis-am-Stiel-Formen, 75 ml

1 Rolle den Salzteig mit dem Nudelholz aus, bis er etwa fingerdick ist.

2 Mach mit dem Rand der Schale einen leichten Abdruck in den Teig und lege den Kreis mit Blüten und Blättern aus.

Salzteig-Anhänger

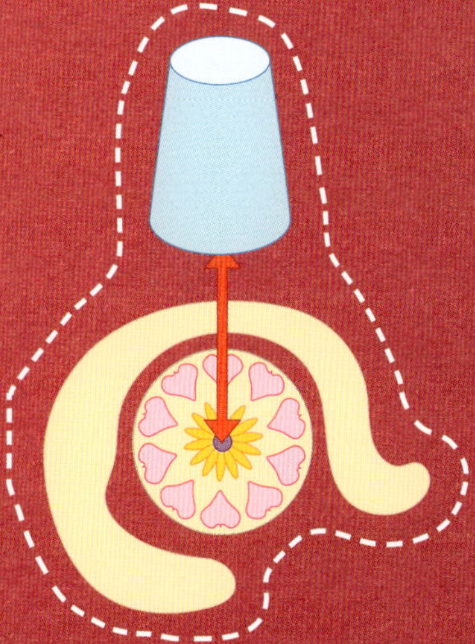

3 Rolle leicht mit dem Wellholz über den Kreis, damit die Blüten und Blätter in den Teig gedrückt werden.

4 Stanze den Kreis mit der Schale aus und lass ihn auf einem Backblech bei 125 Grad etwa 1,5 Stunden im Backofen trocknen.

TIPP

Stanze vor dem Backen mit einem Trinkhalm ein Loch in den Teig, damit du den Blütenkreis aufhängen kannst.

DU BRAUCHST

* Salzteig (siehe Grundrezept auf Seite 71)
* Teigrolle
* Glas oder Schale, ø ca. 8 cm
* Blüten und Blätter

Ahorn-Libellen

1 Male mit dem Wattestäbchen bunte Streifen auf den Ast und lass die Farbe trocknen.

2 Wenn du magst, kannst du die Ahornflügel mit ein paar Punkten verzieren und trocknen lassen.

3 Lege den Chenilledraht um die Ahornflügel und verdrehe die Enden oben miteinander.

4 Klebe die Flügel auf den Ast und biege die Chenilledrahtenden als Fühler auseinander.

DU BRAUCHST

* Wattestäbchen
* Ast, 10 cm lang
* Bastelfarbe in Pink und Orange oder Grün, Türkis und Gelb
* 2 Ahorn-Samenflügel
* Chenilledraht in Pink oder Gelb, 12 cm lang
* Bastelkleber

Paradies-vogel-Maske

DU BRAUCHST

* Tonkarton in Grün, A4
* Schere
* Bürolocher
* Gummikordel, 30 cm lang
* Klebestift
* frische Blätter und Blüten

Vorlage: Maske auf Seite 75

1 Zeichne die Maske mithilfe der Vorlage auf den Tonkarton und schneide sie aus.

2 Stanze mit dem Bürolocher rechts und links ein Loch hinein.

3 Knote das Gummi erst auf einer Seite fest, setze die Maske probehalber auf und knote dann das Gummi auch an der zweiten Seite fest.

4 Beklebe die Maske nach Lust und Laune mit Blättern und Blüten.

Stockfisch

1 Schneide mithilfe der Vorlage den Kopf und die Flosse des Fisches aus dem blauen Tonkarton aus. Stanze mit dem Bürolocher die Löcher hinein.

2 Brich die Äste in sechs Stücke, die zwischen 5 cm und 10 cm lang sind. Bemale die Äste mit der Farbe und lass sie trocknen.

3 Lege die Paketschnur doppelt und knote sie an der Flosse fest. Knote dann nacheinander die Äste fest. Fädle den Kopf des Fisches auf.

4 Zum Schluss klebst du das Wackelauge auf und verknotest die Schnurenden, damit du den Fisch aufhängen kannst.

DU BRAUCHST

* Tonkarton in Blau, A5
* Bleistift
* Schere
* Bürolocher
* Äste, ø 1-1,5 cm
* Acryl- oder Abtönfarbe
* Pinsel
* Paketschnur, 1 m lang
* Wackelauge, ø 2 cm
* Bastelkleber

Vorlagen: Fisch auf Seite 77

Muschelkunst

DU BRAUCHST

* Salzteig in Blau (siehe Seite 71)
* Teigrolle
* Backpapier
* Messer
* Trinkhalm
* Muscheln
* dickes Garn, ca. 50 cm lang

1 Rolle den Salzteig etwa 1 cm dick auf dem Backpapier aus und schneide ein etwa 11 cm x 11 cm großes Quadrat mit dem Messer aus.

2 Stich mit dem Trinkhalm an allen vier Ecken je zwei Löcher in den Teig.

3 Drück die Muscheln in der Mitte des Quadrats in den Teig. Dann lässt du alles mindestens einen Tag lang an der Luft trocknen.

4 Trockne nun den Salzteig im Backofen, wie auf Seite 71 beschrieben. Nach dem Abkühlen fädelst du das Garn durch die Löcher und verknotest oben die Enden. Fertig ist deine Urlaubserinnerung!

DU BRAUCHST

* Pappteller, ø 23 cm
* Schere
* Wasser- oder Bastelfarbe
* Pinsel
* Klebefolie in Transparent, 20 cm x 20 cm
* Blumen, Blätter, Gräser usw.

Vorlage: Kreis auf Seite 74

Sonnenfänger

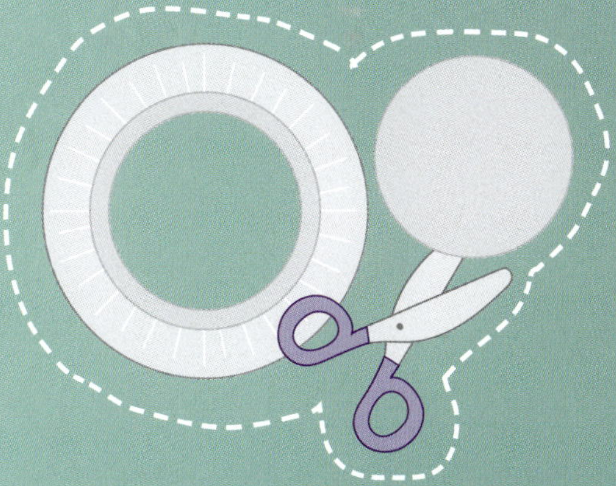

1 Schneide aus dem Teller einen Kreis mit etwa 2 cm weniger Durchmesser als die Schablone aus, damit du einen runden Rahmen hast.

2 Bemale den Pappteller-Rahmen mit Farbe und lass ihn gut trocknen.

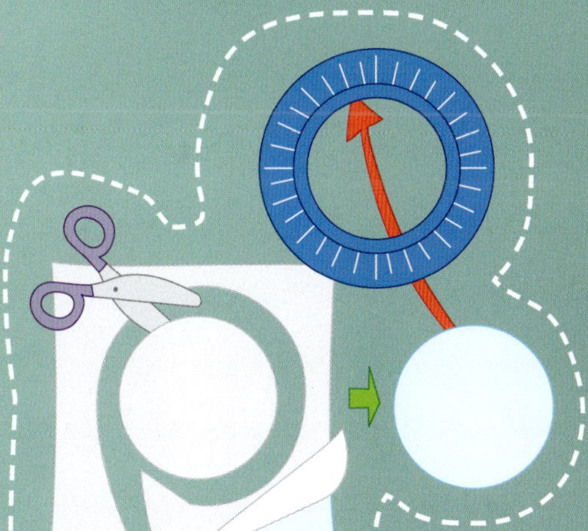

3 Zeichne mithilfe der Schablone einen Kreis auf die Rückseite der Klebefolie und schneide ihn aus.

4 Klebe den Kreis von hinten an den Rahmen und klebe von vorn Blätter, Blüten oder Gräser auf die Folie.

IM
HERBST

DU BRAUCHST

* Pappteller, ø 23 cm
* Blätter
* Klebestift
* Tonkartonreste in Orange, Gelb und Rotviolett
* Schere
* 2 Wackelaugen, ø 2,5 cm

Vorlagen: Augen, Schnabel, Flügel, Füße auf Seite 76

Blätter-Eule

1 Beklebe den Teller von unten nach oben mit den Blättern, damit die Eule ein Federkleid bekommt.

2 Schneide mithilfe der Schablone zwei Augen, den Schnabel, die Flügel und die Füße aus dem Tonkarton aus.

3 Klebe die Augen nebeneinander auf den Schnabel. Von vorn jeweils ein Wackelauge aufkleben, von hinten ein Blatt, sodass es oben übersteht.

4 Klebe das Augen-Schnabel-Teil und die Flügel von vorn auf den Teller. Die Füße klebst du unten auf der Rückseite fest.

Mais-Rakete

1 Falte die Blätter des Maiskolbens nach unten und schneide sie ab, sodass sie nur noch etwa 5 cm lang sind. Schneide die Enden spitz zu.

2 Bemale die Blätter mit Gelb und Rot, sodass sie wie Feuer aussehen. Die Spitze der Rakete malst du silberfarben an. Gut trocknen lassen.

3 Schneide mithilfe der Vorlage drei Flügel, zwei große und zwei kleine Kreise aus dem Tonkarton aus. Knicke die Klebeflächen der Flügel auseinander und klebe alles wie abgebildet auf den Maiskolben.

4 Schneide die runden Enden der Korken mit dem Messer ab, male sie silberfarben an und klebe sie nach dem Trocknen auf den Mais. Klebe die Wackelaugen auf und male die Münder auf.

DU BRAUCHST

* getrockneter Maiskolben mit Blättern
* Schere
* Acrylfarbe in Gelb, Rot und Silber
* Pinsel
* Tonkartonreste in Hellblau und Rot
* Bastelkleber
* 2 Sektkorken
* Küchenmesser mit Wellenschliff
* 4 Wackelaugen, ø 7 mm
* feiner Filzstift in Schwarz

Vorlagen: Flügel und Fenster auf Seite 77

Kastanien-tiere

DU BRAUCHST

* Schaschlikstäbchen
* 3 Kastanien
* Chenilledraht in Gelb, Orange und Lila, je 15 cm und 2 cm lang
* Expressholzleim
* 6 Wackelaugen, ø 1 cm
* Eichenkappe, Bucheckernschale, Tannenzapfenschuppen
* Feder in Orange

1 Stich mit dem Schaschlikstäbchen unten ein Loch in die Kastanie. Stecke die Enden des langen Chenilledrahtes in das Loch und forme aus dem Rest zwei Füße, damit die Kastanie stehen kann.

2 Klebe die Wackelaugen auf. Stich dann zwischen den Augen ein Loch in die Kastanie. Stecke den kurzen Chenilledraht als Schnabel ein und biege ihn nach unten.

3 Klebe oben eine Eichenkappe oder eine Bucheckernschale auf die Kastanie. Oder stich ein Loch in die Kastanie und stecke die Feder ein.

Kork-igel

1 Säge die Ecken an einer Schmalseite des Korkklotzes schräg ab, sodass eine Schnauze entsteht.

2 Flache die Schnauze mit der Raspel schräg ab, sodass sie spitz zuläuft. Danach glättest du die Flächen und Kanten mit dem Schleifpapier.

3 Klebe den Pompon auf die Nasenspitze und die Wackelaugen auf das Gesicht. Den Körper malst du mit der Farbe an. Trocknen lassen.

4 Schlage mit dem Hammer die Nägel als Stacheln ein. Je gleichmäßiger die Stacheln verteilt sind, desto schöner sieht es aus.

DU BRAUCHST

* Schleifklotz aus Kork, 5,5 cm x 11 cm x 2,5 cm
* Handsäge
* feine Raspel
* Schleifpapier, 100er Körnung
* Minipompon in Schwarz, ø 1 cm
* Expressholzleim
* 2 Wackelaugen, ø 1,2 cm
* Acryl- oder Abtönfarbe in Flieder
* Pinsel
* Nägel, 2,8 mm x 65 mm
* Hammer

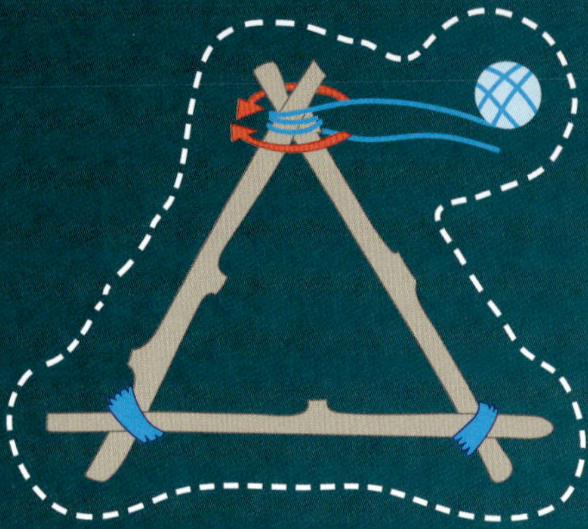

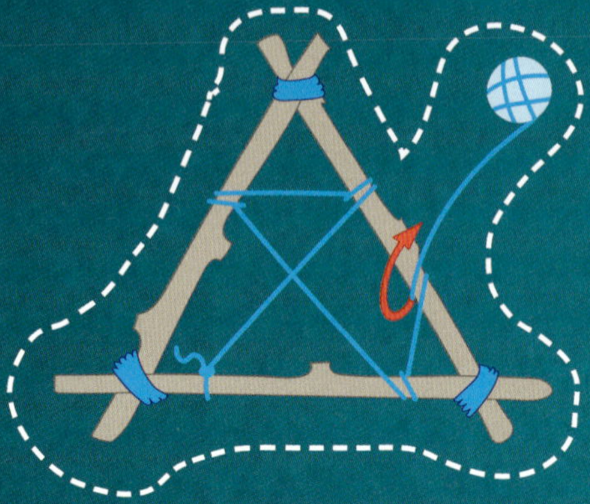

1 Lege ein Dreieck mit den Ästen, sodass sich die Enden an den Ecken überkreuzen. Umwickle die Enden mit etwas Garn und mach einen festen Knoten.

2 Knote einen langen Faden an einem Ast fest und spanne ihn zu einem anderen Ast. Wickle ihn um den Ast und spanne den Faden dann weiter. Spanne auf diese Weise so viele Fäden, bis der Faden zu Ende ist. Das Ende festknoten.

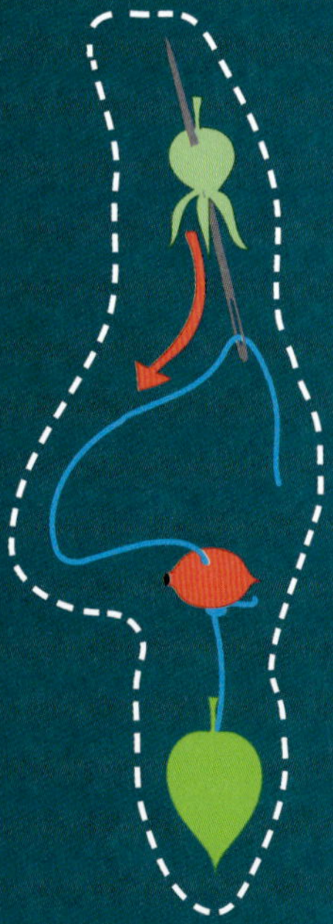

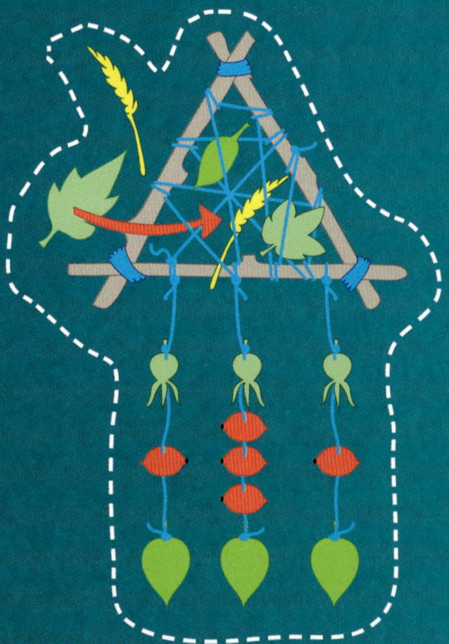

3 Nimm drei etwa 30 cm lange Fäden und schmücke sie mit Blättern, Hagebutten oder anderen Fundstücken. Du kannst sie festknoten oder mit der Nadel auffädeln.

4 Knote die Fäden am unteren Ast fest und schmücke den Traumfänger mit Blättern, Gräsern oder kleinen Zweigen.

Traum-fänger

DU BRAUCHST

* 3 Äste, ø ca. 1 cm, 28 cm lang
* Strickgarn aus Baumwolle in Türkis
* Schere
* dicke Sticknadel
* Blätter, Gräser, Hagebutten, Holzäpfel, kleine Zweige etc.

1 Die Bananen schälen und die Enden etwa 8 cm lang abschneiden. Dann die Stücke etwa 5 cm weit auf die Schaschlikstäbchen stecken und für etwa 15 Minuten ins Gefrierfach legen.

2 Die Bananen in die weiße Kuvertüre tauchen und zusätzlich Kuvertüre mit dem Löffel auf die Bananen geben, sodass sie rundum bedeckt sind.

3 Die Bananen etwas abtropfen lassen und dann mit dem Schaschlikstäbchen in das Trinkglas stellen, bis die Kuvertüre fest geworden ist.

4 Den Zahnstocher in die dunkle Kuvertüre tauchen und die Gesichter auf die Schoko-Bananen-Gespenster malen. Die dunkle Kuvertüre ebenfalls fest werden lassen. Guten Appetit!

Schoko-Bananen-Geister

DU BRAUCHST

* 3 feste, kleine Bananen
* Messer
* 6 Schaschlikstäbchen
* 200 g weiße Kuvertüre, geschmolzen (siehe Seite 71)
* Teelöffel
* Trinkglas
* Zahnstocher
* 15 g dunkle Kuvertüre, geschmolzen

Kürbisgesichter

1 Zeichne mithilfe der Vorlage die Kürbisform auf den Tonkarton an und schneide sie aus.

2 Bestreiche den Rand des Kürbisses Stück für Stück dick mit Klebstoff und klebe die Linsen auf. Für den Mund klebst du ebenfalls Linsen auf. Nun klebst du die Wackelaugen auf.

3 Jetzt bestreichst du Stück für Stück den Rest des Kürbisses dick mit Klebstoff und klebst die Schälerbsen auf. Gut trocknen lassen.

4 Zum Schluss nimmst du den grünen Tonkartonstreifen, kringelst ihn etwas, indem du ihn über den Rücken der Schere ziehst, und klebst ihn auf der Rückseite des Kürbisses auf.

DU BRAUCHST

* Tonkarton in Orange, 13 cm x 13 cm
* Bleistift
* Schere
* Bastelkleber
* Linsen
* 2 Wackelaugen, ø 1-1,5 cm
* gelbe Schälerbsen
* Tonkarton in Grün, 1 cm x 15 cm

Vorlage: Kürbis auf Seite 74

IM
WINTER

Rindensterne

DU BRAUCHST

* Karton, A5
* Schere
* Bleistift
* Wolle oder Garn, 10 cm lang
* Klebstoff
* Rindenstücke
* Expressholzleim
* Bücher zum Beschweren

Vorlage: Sterne auf Seite 72

1 Schneide aus dem Karton mithilfe der Vorlage einen Stern aus.

2 Lege das Wollstück doppelt und klebe es oben an eine Sternzacke, damit du den Stern später aufhängen kannst.

3 Brich die Rinde in kleine Stücke und klebe sie auf den Pappstern, bis alles bedeckt ist.

4 Lege die Sterne unter ein paar schwere Bücher, damit sie beim Trocknen etwas gepresst werden.

Apfel-Santa

1 Schneide mithilfe der Vorlagen die rote Mütze, die weiße Mützenkrempe und die beiden Bartteile aus dem Filz aus.

2 Klebe die Mütze an den geraden Kanten zusammen und klebe dann die Krempe und den weißen Pompon auf.

3 Stecke den Zahnstocher am dicken Ende als Hals in die Walnuss. Klebe zuerst den Bart und die halbierte Holzperle und dann die Mütze auf die Walnuss.

4 Male die Augen mit dem schwarzen Stift auf und stecke den Walnusskopf zum Schluss mit dem Zahnstocher in den Apfel.

DU BRAUCHST

* Bastelfilz in Rot und Weiß, ca. A5
* UHU Alleskleber Gel
* Mini-Pompon in Weiß, ø 1 cm
* Zahnstocher
* Walnuss
* Holzperle in Rot, ø 8 mm, halbiert
* feiner Filzstift in Schwarz
* Apfel

Vorlagen: Mütze und Bart auf Seite 74

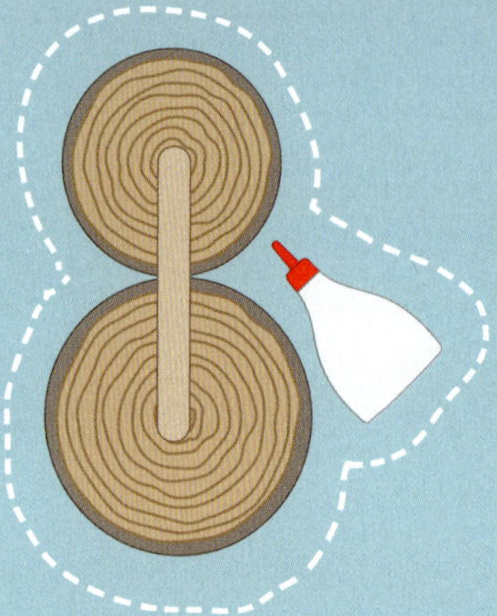

1 Lege die beiden Astscheiben aneinander und klebe den Holzspatel auf, sodass beide Scheiben miteinander verbunden werden. Trocknen lassen.

2 Male die Holzscheiben auf der Vorderseite weiß an und lass die Farbe trocknen. Danach mit dem Pinsel und dem Wattestäbchen die Augen, den Mund, die Knöpfe und die Nase aufmalen. Trocknen lassen.

3 Schneide einen 3 cm breiten und 30 cm langen hellblauen Streifen aus Bastelfilz zu und binde ihn als Schal um. Die Enden kannst du mit der Schere fransig einschneiden.

4 Schneide mithilfe der Vorlage die hellblaue Filzmütze zu. Klebe den weißen Filzstreifen entlang der Rundung auf. Die Mütze um den Kopf kleben, oben mit dem Baumwollgarn zusammenbinden und den Pompon aufkleben.

Schneemann

DU BRAUCHST

* 2 Astscheiben, ø 10 cm und ø 8 cm
* Holzspatel (Eisstäbchen)
* Bastelkleber
* Acrylfarbe in Weiß, Schwarz und Orange
* Pinsel
* Wattestäbchen
* Baumwollgarn in Hellblau
* Bastelfilz in Hellblau, 1 mm stark, A4
* Bastelfilz in Weiß, 1 mm stark, 2 cm x 20 cm
* Pompon in Weiß, ø 2 cm

Vorlage: Mütze auf Seite 75

Futterkranz

1 Schneide ein etwa 30 cm langes Drahtstück ab und verdrehe es an einem Ende, damit es, wie ein Faden beim Nähen, am hinteren Ende einen Knoten hat.

2 Mit dem anderen Ende fädelst du nun die Erdnüsse auf. Stich den Draht dazu wie eine Nadel mittig durch die Erdnüsse.

3 Wenn du etwa 20 Erdnüsse aufgefädelt hast, biegst du den Draht zu einem Kreis und verdrehst Anfang und Ende miteinander.

4 Den überstehenden Draht mit der Schere abschneiden. Knote den Tannenzweig mit dem Dekoband fest und bring das Garn als Aufhängung an.

DU BRAUCHST

* fester Bindedraht
* ca. 20 Erdnüsse
* Schere
* Tannenzweig
* Dekoband, 30 cm lang
* Garn, 20 cm lang

Kleine Tannen

1 Schneide die Tanne aus dem Karton und den Stern aus dem Metallicpapier aus. Verwende dazu die Vorlagen.

2 Schneide ein 15 cm langes Stück Garn ab, lege es doppelt und klebe es oben an die Spitze der Tanne, damit du sie später aufhängen kannst.

3 Klebe unten in der Mitte den Holzspatel auf die Rückseite der Tanne, damit sie einen Stamm bekommt.

4 Beklebe die Tanne mit Moos oder Zweigen, die du auf die passende Länge brichst. Dann klebst du oben den Stern auf und bindest die Schelle mit dem festlichen Garn um.

DU BRAUCHST

* Karton, A5
* Metallicpapier in Gold, 5 cm x 5 cm
* Schere
* Bleistift
* Baumwollgarn in Rot-Weiß, 1 m lang
* ½ Holzspatel oder Eisstäbchen
* Bastelkleber
* trockenes Moos oder fingerdicke Zweige
* Schelle in Gold, ø 1,2 cm

Vorlagen: Tanne und Stern auf Seite 73

1 Male den Kiefernzapfen weiß und die Kugel schwarz an. Stecke die Kugel dafür auf den Zahnstocher und klemm diesen in die Wäscheklammer.

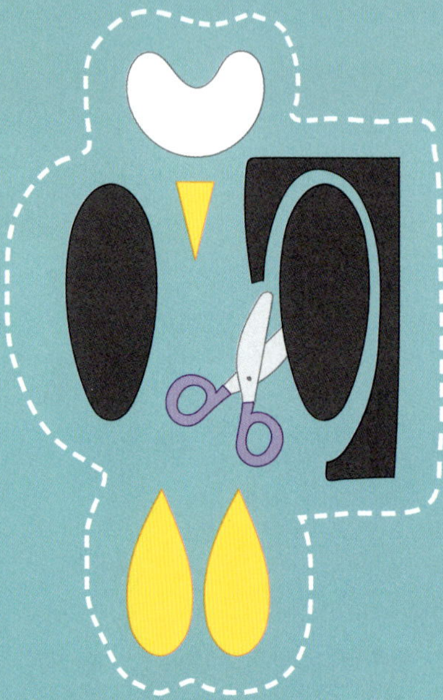

2 Schneide das Gesicht, den Schnabel, zwei Flügel und zwei Füße aus dem Bastelfilz aus. Dabei helfen dir die Vorlagen.

DU BRAUCHST

* Kiefernzapfen, ca. 7 cm hoch
* Styropor®- oder Wattekugel, ø 3 cm
* Bastelfarbe in Schwarz
* Pinsel
* Zahnstocher
* Wäscheklammer
* Bastelfilzreste in Weiß, Gelb und Schwarz
* Schere
* Bastelkleber
* 2 Wackelaugen, ø 5 mm

Vorlagen: Gesicht, Schnabel, Flügel, Füße auf Seite 72

Zapfen-Pingus

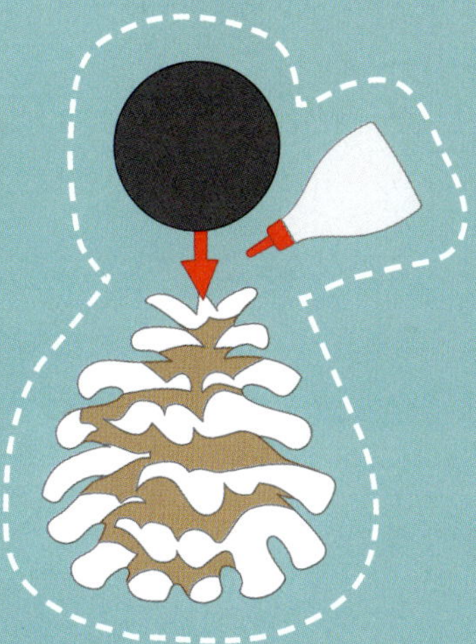

3 Gib etwas Klebstoff auf die Spitze des Tannenzapfens und drücke die Spitze unten in das Loch der Kugel.

4 Klebe das Gesicht, den Schnabel, die Flügel, die Füße und die Wackelaugen auf.

TIPP
Etwas Knete unter dem Zapfen hilft, wenn dein Pinguin nicht ganz aufrecht steht.

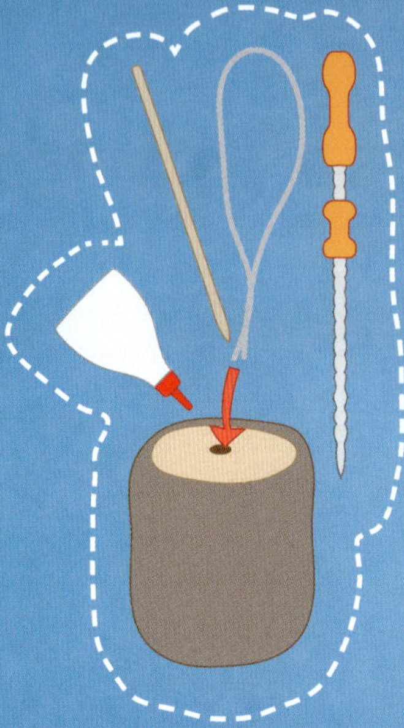

1 Spanne den Ast in die Werkbank oder befestige ihn mit der Schraubzwinge am Tisch und säge ein 5 cm langes Stück ab.

2 Bohre oben mittig ein 1-2 cm tiefes Loch hinein. Lege die Schnur doppelt und klebe sie als Aufhängung in das Loch.

3 Bohre seitlich jeweils ein 1-2 cm tiefes Loch in das Holz. Kringle die Chenilledrahtstücke, indem du sie um einen Stift wickelst.

4 Klebe das Chenilledraht-Geweih in die Löcher sowie die Wackelaugen und die Pomponnase auf. Fertig ist das Rentiergesicht!

Rentiere

DU BRAUCHST

* Ast, ø ca. 5 cm
* kleine Handsäge für Kinder
* Werkbank oder alter Tisch und Schraubzwinge
* Handbohrer
* dünne Schnur, 20 cm lang
* Bastelkleber
* Chenilledraht in Braun, 2x 10 cm lang
* Bleistift
* 2 Wackelaugen, ø 1-1,5 cm
* Mini-Pompon in Rot, ø 1 cm

FÜR DAS GANZE JAHR

1 Schneide die Äpfel in schmale Spalten und schneide das Kernhaus heraus. Stelle die Apfelspalten 15 Minuten im Gefrierfach kalt, so gelingt der Überzug noch besser.

2 Die Schokolade oder Kuvertüre in eine Schüssel geben und im Wasserbad langsam erwärmen, bis sie schmilzt. Lass dir dabei von einem Erwachsenen helfen.

3 Die flüssige Schokolade in eine kleine Schale umfüllen. Die Apfelspalten eintauchen, etwas abtropfen lassen und auf das mit Backpapier ausgelegte Backblech legen.

4 Die Apfel-Schoko-Monde mit Zuckerperlen bestreuen und danach die Schokolade im Kühlschrank fest werden lassen.

Apfel-Schoko-Monde

TIPP
Reibe die Apfelspalten vor dem Tauchgang in der Schokolade mit etwas Zitronensaft ein, dann bleiben sie länger frisch.

DU BRAUCHST

* 3 Äpfel
* Messer
* Schokolade oder Kuvertüre, ca. 100 g
* Backblech
* Backpapier
* Zuckerperlen

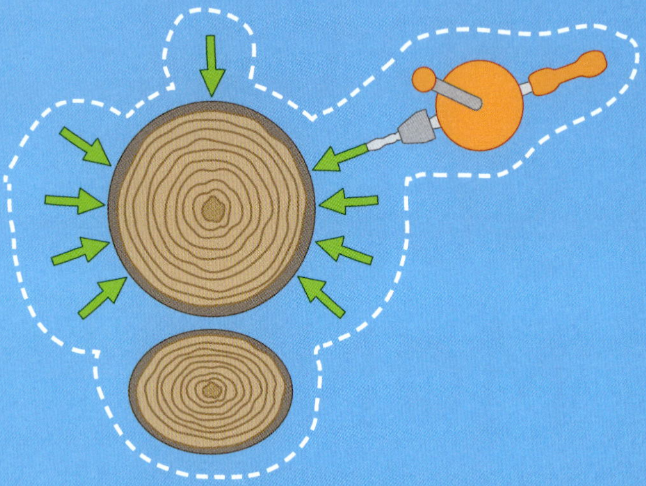

1 Bohre für die Beine rechts und links je vier Löcher in den Rand der großen Astscheibe. Oben bohrst du ein Loch für das Hutgummi in den Rand.

2 Male die Astscheiben wie abgebildet an und male nach dem Trocknen der Farbe die gelben Punkte und das Kreuz auf.

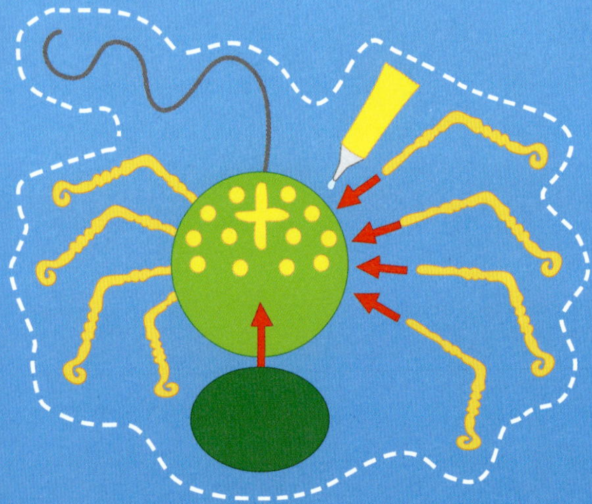

3 Die Chenilledrahtstücke in Form biegen und in die Bohrlöcher kleben. Klebe das Hutgummi in das obere Loch und den Kopf auf den Körper. Alles gut trocknen lassen.

4 Die Wackelaugen aufkleben und den Mund aufmalen. Trocknen lassen. Hänge die Spinne nun am Hutgummi auf und lass sie zappeln.

Zappel-Spinne

DU BRAUCHST

* 2 Astscheiben, ø 8 cm und ø 5 cm
* Handbohrer
* Acrylfarbe in Hellgrün, Grün und Zitronengelb
* Pinsel
* Chenilledraht in Zitronengelb, 8x 10 cm lang
* Bastelkleber
* Hutgummi, 50 cm lang
* 2 Wackelaugen, ø ca. 2 cm
* Gelschreiber in Weiß

Walnusstiere

DU BRAUCHST

* Walnuss
* Messer oder flacher Schraubenzieher
* Acryl- oder Abtönfarbe in Braun und in Blautönen
* Pinsel oder Wattestäbchen
* Tonkarton in Hellgrün oder Petrol, ca. 8 cm x 8 cm
* Bleistift
* Schere
* 3 Wackelaugen, ø 6 mm

Vorlagen: Seite 73

1 Öffne die Walnuss, indem du das Messer oder den Schraubenzieher am dicken Ende zwischen die Schalen schiebst und die Schalenhälften auseinanderdrückst. Die Nuss im Inneren entfernen.

2 Male die Walnusshälften an. Die Schildkröte bekommt ein braunes Panzer-Muster, der Fisch blaue Schuppen. Trocknen lassen.

3 Übertrage die Vorlagen für die Tiere auf den Tonkarton und schneide die Tiere aus.

4 Klebe die Nussschalen und die Wackelaugen auf die Tiere und lass den Klebstoff trocknen.

1 Übertrage die Vorlage für das Herz auf die Astscheibe und zeichne die Punkte an, wo die Nägel eingeschlagen werden.

2 Nimm die Nägel und schlage sie an den Punkten in das Holz. Achte darauf, dass sie möglichst gerade und gleichmäßig tief eingeschlagen sind.

3 Knote den Faden an einem Nagel fest und spanne ihn dann kreuz und quer von Nagel zu Nagel, bis das Herz gut zu erkennen ist. Dann knotest du den Faden wieder fest und schneidest das Ende ab.

4 Bohre oben ein Loch in die Astscheibe, fädle ein Stück Faden durch und verknote die Enden. Jetzt kannst du die Astscheibe aufhängen.

Faden-Herz

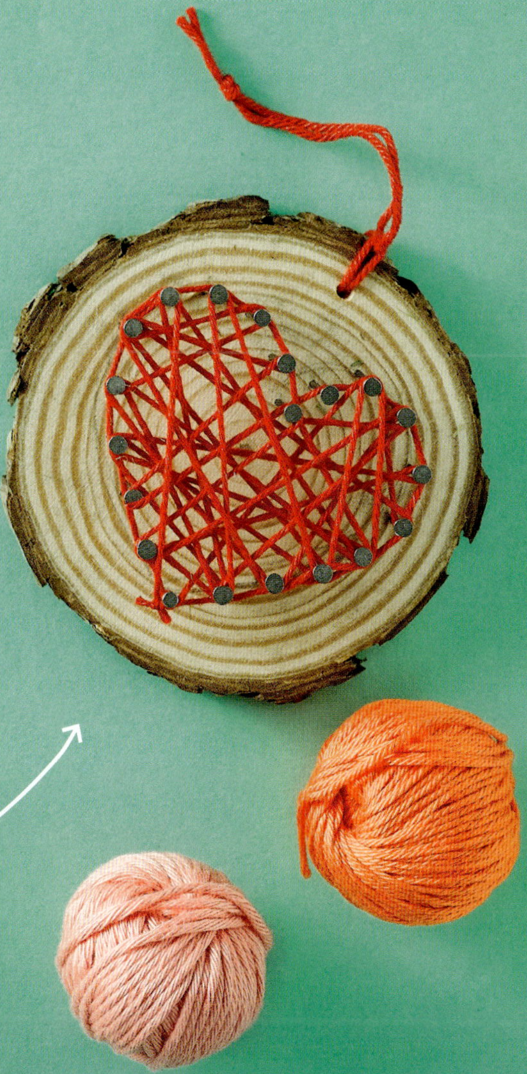

DU BRAUCHST

* Astscheibe, ø 8–10 cm
* Bleistift
* 20 Nägel, 1,4 mm x 25 mm
* Hammer
* Handbohrer
* Baumwollgarn in Rot
* Schere

Vorlage: Herz auf Seite 73

Holzschlange

DU BRAUCHST

* Ast, ø 2,5 cm, ca. 25 cm lang
* Werkbank oder alter Tisch und Schraubzwinge
* kleine Handsäge
* Schleifpapier
* Handbohrer
* Paketschnur, ca. 50 cm lang
* Bastelkleber
* 11 Holzperlen mit großem Loch, ø 1–1,5 cm
* Acrylfarbe in Haut
* Pinsel
* 2 Wackelaugen, ø 8 mm
* Wollrest in Rot
* Buntstift in Rot

TIPP

Das lose Ende der Schnur mit Bastelkleber tränken und trocknen lassen. Dadurch wird es fest und lässt sich besser durch die Perlen und Scheiben fädeln.

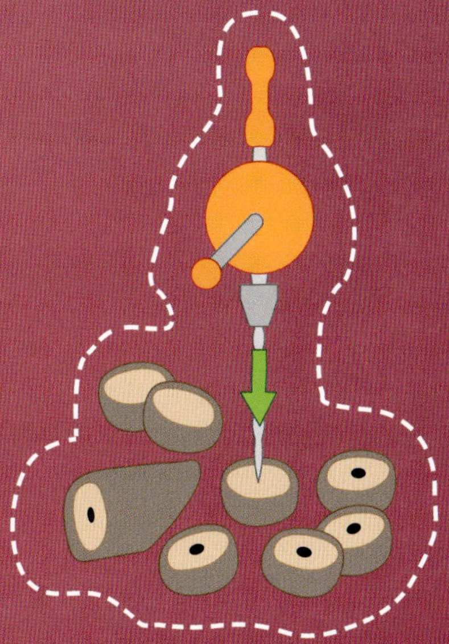

1 Von dem Ast zehn etwa 1,5 cm dicke Scheiben absägen. Für den Kopf ein etwa 5 cm langes Stück schräg absägen. Die Kanten mit dem Schleifpapier glätten.

2 Alle Astscheiben mittig durchboren. Am Kopf mittig an der geraden Kante ein Loch bohren.

3 Die Paketschnur in das Loch am Kopf kleben. Dann abwechselnd die Perlen und die Astscheiben auffädeln. Nach der letzten Perle einen Knoten machen und den übrigen Faden abschneiden.

4 Das Gesicht mit der Acrylfarbe anmalen. Nach dem Trocknen die Augen aufkleben, die Wangen mit Buntstift röten und etwas Wolle als Zunge aufkleben.

Bilderrahmen

1 Male den Bilderrahmen rosa an und lass die Farbe gut trocknen.

2 Trage von unten nach oben Stück für Stück Klebstoff auf den Rahmen auf und klebe die Eierschalenstücke auf - erst violette, dann pinkfarbene, dann orangefarbene und zuletzt die gelben.

3 Bestreiche alles zum Schutz noch einmal mit einer Schicht Bastelkleber.

DU BRAUCHST

* Bilderrahmen, ca. 13 x 18 cm
* Acryl- oder Abtönfarbe in Rosa
* Pinsel
* Bastelkleber
* Eierschalenstücke in Gelb, Orange, Pink und Violett

Popcorn-Bälle

1 Butter in einem kleinen Topf bei mittlerer Hitze zerlaufen lassen, dann die Marshmallows dazugeben und rühren, bis sie geschmolzen sind und eine flüssige Masse entstanden ist.

2 Das Popcorn in eine sehr große Schüssel geben, nach Belieben die Schokolinsen dazugeben.

3 Jetzt die noch warme Marshmallowmasse darüber geben und alles mit dem Teigschaber mischen, bis das Popcorn und die Schokolinsen zu einer Masse zusammenkleben.

4 Die Hände einölen und schneeballgroße Kugeln formen. Teste davor, dass die Masse nicht mehr heiß ist. Die Kugeln auf Backpapier ablegen und fest werden lassen.

DU BRAUCHST

* 1-2 EL Butter
* kleiner Topf
* 150 g Marshmallows
* 100 g Popcorn
* sehr große Schüssel
* Mini-Schokolinsen, nach Belieben
* Teigschaber
* Öl für die Hände
* Backpapier

Basteln mit Kindern

Basteln tut gut. Es fördert die Kreativität, die Fingerfertigkeit, die Ausdauer und die Konzentrationsfähigkeit, die Hand-Augen-Koordination und das räumliche Vorstellungsvermögen. Und das alles ganz nebenbei, während gemalt, geschnitten, geklebt oder modelliert wird. Bei all diesen Tätigkeiten erforschen Kinder ihre Fähigkeiten und lernen dazu. Das Schönste ist aber, wenn ein Kind sein Werk präsentiert und stolz sagt: „Das hab ich gemacht!“ In diesem Moment wird sichtbar, dass Basteln nicht nur vielfältig fördert, sondern vor allem auch glücklich macht.

Basteln macht Spaß. Darauf kommt es mir ganz besonders an. Wenn ich zusammen mit meinen Kindern bastle, halte ich mir diesen Satz immer wieder vor Augen. Denn allzu schnell verfalle ich in meinen erwachsenen Perfektionsdrang und meine, dass alles so gemacht werden muss, wie ich es mir vorstelle. Denkste. Kinder haben ihre eigenen Ideen. Und sie entwickeln mit ihrem natürlichen Forschergeist durch Versuch und Irrtum eigene Lösungswege. Und das ist auch gut so. Nur für mich ist das oft ein Problem. Manchmal fehlt mir einfach die Geduld, mit meinen Kindern auf Forschungsexpedition

Basteln mit Kindern – ein paar Leitgedanken

* Basteln macht Spaß
* den Forscherdrang der Kinder unterstützen
* die eigene Erwartungshaltung hinterfragen
* Raum für Kreativität und eigene Ideen geben
* geeignete Bastelarbeiten auswählen
* nicht überfordern
* zum Selbermachen ermutigen
* Anregungen und Hilfestellungen geben
* Misserfolge locker nehmen: Der Weg ist das Ziel!

zu gehen, während ich doch längst weiß, wie es richtig gemacht wird, wie wir ohne Umwege das Ziel erreichen. Aber beim Basteln mit Kindern geht es nicht um mich. Das Ergebnis muss nicht in meinen Augen spektakulär sein, sondern in denen der Kinder.

Erwartungsdruck hemmt Kinder und schränkt ihren Entfaltungsspielraum ein. Jedes Kind hat unterschiedliche Fähigkeiten - abhängig von seinem Alter und seiner individuellen Veranlagung. Das ist nicht weiter schlimm, denn durch das spielerische Lernen beim Basteln werden die Fähigkeiten ja weiter gefördert und verfeinert. Allerdings berücksichtige ich dies bei der Wahl der Bastelarbeit. Ein Kind, das überfordert wird, verliert schnell den Spaß am Basteln. Darum versuche ich, das Ziel so zu setzen, dass es auch erreicht werden kann. Und ich passe meine Erwartungen an, je nachdem, ob ich gerade mit meinem fünfjährigen oder meinem zweijährigen Sohn bastle.

Ich ermutige meine Kinder, alles alleine zu machen, wozu sie schon in der Lage sind. Und natürlich unterstütze ich sie, wo noch Hilfe notwendig ist. Oft bastle ich auch mit, wobei ich ein Vorbild sein möchte und kein erwachsener Schlaumeier, der alles besser weiß und besser kann. Damit habe ich bereits meine Erfahrungen gemacht (siehe Kasten). Oft bin ich einfach nur da, um Anregungen zu geben - und um zu staunen, auf welche Ideen und Lösungen meine Kinder kommen. Oder eben auch nicht: Manchmal regiert der Frust am Basteltisch! Doch auch das ist nicht weiter schlimm. Misserfolge gehören dazu.

Wichtig ist nur, dass man sich davon nicht entmutigen lässt. Vielleicht hilft ja eine Auszeit? Basteln ist durchaus anstrengend. Wenn ein Kind keine Lust mehr hat, lege ich eine Bastelpause ein. Das machen wir beim Wandern ja auch. Und wie wäre es mit einer kleinen Stärkung zwischendurch? Wenn genug für heute gebastelt ist, machen wir einfach an einem anderen Tag weiter. Und wenn das Bastelwerk seinem Urheber ganz und gar nicht gefallen mag, versuche ich trotzdem etwas Gutes daran zu finden. Und dann lassen wir es ganz schnell verschwinden!

Ich mag nicht mehr …

Es war Weihnachtszeit und mein Großer und ich haben das erste Mal gemeinsam Plätzchen gebacken. Da war er knapp zweieinhalb und ich habe mich riesig auf diesen Moment gefreut. Doch plötzlich stand mein Sohn auf, sagte: „Ich mag nicht mehr" und ging davon. Was war passiert? Ich hatte ihm die ganze Zeit Anweisungen diktiert und ihn belehrt: „Nicht zu dünn ausrollen!", „Lass mich das machen!", „Setz die Ausstechformen doch enger zusammen!". Mir wurde klar, dass Kinder viele Dinge einfach anders machen als wir Erwachsenen, und dass es falsch ist, unsere eigenen Ansprüche auf sie zu übertragen. Kinderplätzchen sehen eben anders aus. Lecker sind sie trotzdem!

Gute Vorbereitung ist alles

Beim Basteln kann schnell mal ein Malheur mit Farbe und Klebstoff passieren. Damit das gemeinsame Basteln entspannt abläuft, können ein paar Vorkehrungen getroffen werden:

Zum Schutz der Kleidung ist es empfehlenswert, eine Bastelschürze oder alte Kleidung anzuziehen. Den Tisch und den Boden am besten mit Wachstischtuch, Folie oder Zeitung abdecken, damit nichts beschmiert wird. Zudem sollten empfindliche Gegenstände aus dem Bastelbereich entfernt werden.

Damit die Kinder nicht mit feuchter Farbe oder Klebstoff an den Händen durch die Wohnung laufen, lege ich vor dem Basteln alle Hilfsmittel und Werkzeuge, die wir für unser Bastelprojekt brauchen, bereit. So muss keiner zwischendurch aufstehen und die Bastelschere aus der Schublade holen. Und wenn doch, dann gibt es am Basteltisch immer ein feuchtes Tuch, mit dem die Hände abgewischt werden können.

Hilfreich ist auch ein griffbereites altes Tuch, mit dem Überschwemmungen auf dem Basteltisch blitzschnell trockengelegt werden können. Und an ganz wilden Basteltagen gibt es sogar eine Fußkontrolle: Jeder, der den geschützten Bastelbereich verlassen will, muss dann erst seine Fußsohlen vorzeigen. Nicht selten verstecken sich dort nämlich wahre Farbmonster, die nur darauf warten, ihre Spuren in der ganzen Wohnung hinterlassen zu können.

Doch irgendwann ist auch die schönste Bastelzeit zu Ende. Dann heißt es im Gänsemarsch ab ins Bad und raus aus den schmutzigen Kleidern. Die Klamotten kommen in die Wäsche, die Kinder – je nach Bedarf – ans Waschbecken oder in die Wanne. Ich lege am Waschbecken immer dunkle Handtücher bereit, die weniger empfindlich sind, und ein Handtuch kommt auf den Boden, um die hellen Fliesenfugen vor herabtropfendem Farbwasser zu schützen. So hat unsere Bastelzeit garantiert ein Happy End.

Experten-Tipps

Klebstoffflecken entfernen
Klebstoff auf der Kleidung bleibt beim Basteln mit Kindern nicht aus. Wenn es darum geht, die Flecken wieder rauszubekommen, haben lösungsmittelfreie Klebstoffe die Nase vorn. Sie lassen sich einfach auswaschen. Bei herkömmlichen Alleskleber hilft hingegen nur der Griff zum Spezial-Fleckentferner. Noch frische Flecken lassen sich je nach Klebstoff außerdem mit Alkohol (Spiritus) entfernen. Trockenem Klebstoff kann man auch mit Aceton, Nitroverdünner oder Ethylacetat auf den Leib rücken. Davor unbedingt immer eine Farbprobe an einer verdeckten Stelle machen!

Farbflecken entfernen
Ich achte darauf, dass ich nur Filzstifte und flüssige Farben verwende, die wasserlöslich sind. Diese Farben lassen sich aus der Kleidung auswaschen und gehen auch von der Haut wieder rückstandslos ab. Trotzdem: Die Flecken immer kurz von Hand auswaschen, solange die Farbe noch feucht ist. Bei starker Verschmutzung die Kleidung außerdem vor dem Waschen z. B. mit Gallseife vorbehandeln. Bei wasserfesten Farben, z. B. Gelstiften, achte ich darauf, dass die Kinder sie nicht unbeaufsichtigt in die Hände bekommen.

Nützliche Helfer
Wäscheklammern leisten beim Zusammenkleben von Papier und Pappe gute Dienste. Mit ihnen lässt sich die Klebestelle fixieren, bis der Klebstoff getrocknet ist, und die Hände sind währenddessen frei für neue Taten.

Löcher stopfen
Ein kurzes Schnipp-Schnapp und schon ist das Loch im Pulli drin. Die ganz kleinen Bastler müssen den richtigen Umgang mit der Schere meist noch lernen. Und bis dahin wird fleißig experimentiert – mit allen Nebenwirkungen. Doch keine Panik! Nicht jedes Loch ruiniert gleich das ganze Kleidungsstück. Oft lassen sich die Löcher unter einer dekorativen Stoff-Applikation wie z. B. einem Herz, einem Stern oder einem Schmetterling verstecken.

Grundausstattung

Für das Basteln mit Kindern braucht es nicht viel: Schere, Klebstoff, Bleistift und Radiergummi, fertig ist die Grundausstattung. Die Schere sollte kindgerecht sein und abgerundete Spitzen haben. Beim Kleben ist bei Kindern meist Klotzen statt Kleckern angesagt. Daher empfehle ich herkömmlichen Alleskleber in der Flasche oder in der tropffreien Plastiktube. Herkömmlicher Alleskleber wellt das Papier nicht und wird schnell fest. Das garantiert auch bei dick aufgetragenem Klebstoff schöne Ergebnisse und keine Unterbrechungen durch lange Wartezeiten. Er hat jedoch den Nachteil, dass er nicht auswaschbar ist und Lösungsmittel enthält. Wem diese Punkte wichtig sind, der sollte entsprechende Klebstoffe ohne Lösungsmittel verwenden.

Bastelbasics

Vorlagen übertragen

Es gibt viele Möglichkeiten, Vorlagenzeichnungen auf Papier oder andere Materialien zu übertragen. Für kleine Kinder finde ich die Schablonenmethode jedoch am besten. Und so geht's:

1 Eine Fotokopie der Vorlagenzeichnung machen, grob ausschneiden und auf dünne Pappe aufkleben.

2 Schneide die Vorlagenzeichnung sauber und exakt aus. Fertig ist die Schablone.

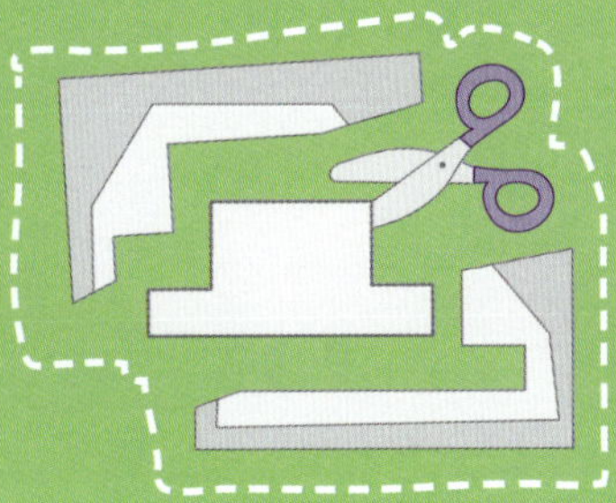

3 Lege die Schablone auf das gewünschte Material, halte sie mit einer Hand fest und umfahre sie mit der anderen Hand mit dem Bleistift.

4 Nimm die Schablone ab, schneide das Motiv aus und male es an oder verarbeite es wie in der Anleitung beschrieben weiter.

Basteln mit Papier, Pappe und Co.

Das Papieruniversum ist unermesslich. Es gibt Papier in allen Farben, mit allen möglichen Mustern und in unterschiedlichen Stärken (Grammatur). Festes Schreibpapier mit einer Grammatur von 100 g/qm, Tonpapier mit einer Grammatur von 130 g/qm und Tonkarton mit einer Grammatur von 220 g/qm sind am besten geeignet für das Basteln mit Kindern. Diese Papiere lassen sich gut reißen, schneiden, falten und stanzen und sind vielseitig verwendbar.

Mit Seidenpapier lassen sich besonders schöne Werke in der Knülltechnik schaffen. Es ist sehr weich und lässt sich ohne Anstrengung in den Händen zu kleinen Kügelchen formen.

Für Faltarbeiten ist Origamipapier empfehlenswert. Es hat den großen Vorteil, dass es in vielen schönen Farben und bereits quadratisch zugeschnitten angeboten wird.

TIPP: Auch Klorollen, Pappteller, Pappbecher, Muffinförmchen und Tortenspitze sind ein wunderbares Ausgangsmaterial, aus denen einzigartige Bastelwerke entstehen können. Es lohnt sich, hier immer einen kleinen Vorrat zu Hause zu haben.

Papier schneiden

Der Umgang mit der Schere will geübt sein. Das Schneiden haben die Kleinen meist schnell raus, aber bis zum perfekten Schnitt dauert es noch seine Zeit. Bis dahin darf man einfach keine Wunder erwarten. Meist gelingen kurze gerade Schnitte am Anfang leichter. Das kann bei der Modellwahl gut berücksichtigt werden. Rundungen, Kurven und Kreise sind für Kinder besonders knifflig. Für kleine Kreise empfehle ich daher Kreisstanzer. Das Stanzen macht den kleinen Bastlern nicht nur großen Spaß, sie erhalten auch perfekte Ergebnisse. Bei großen Kreisen kommt man dagegen nicht um das Schneiden mit der Schere herum. Nicht wundern, wenn der Kreis anfangs noch wie ein Vieleck aussieht!

TIPP: Zum Anzeichnen der Kreislinie verwendet man am besten runde Gegenstände wie Pappdosen, Gläser, Tassen oder Schüsseln. Pappteller, Tortenunterlagen aus Pappe, runde Faltpapiere oder Bierdeckel sind oftmals auch eine gute Idee, wenn man mit runden Formen basteln möchte.

Basteln mit Farbe

Wer kleinen Kindern beim Experimentieren mit Farbe zuschaut, erlebt, was für ein sinnliches Vergnügen sie dabei haben. Damit das Basteln mit Farbe nicht in einem bunten Chaos endet, gibt es ein paar einfache Tricks. Stellen Sie Ihrem Kind die Farbe am besten in kleinen Schälchen bereit. Dafür eignet sich zum Beispiel ein altes Muffinblech. Damit die Farbe in den Schälchen möglichst lange rein bleibt, bekommt jede Farbe einen eigenen Pinsel. Den kann man für die Allerkleinsten übrigens aus einem Wattebausch und einer Wäscheklammer super schnell und einfach selber machen!

Vom Teller lässt sich die Farbe leichter aufnehmen. In einer Schale mit Wasser können Pinsel und andere Malgeräte vor jedem Farbwechsel gereinigt werden. Auf jeden Fall sollten sie aber nach der Arbeit gut ausgespült und getrocknet werden, damit sie möglichst lange halten.

TIPP: Bei Farbe verhält es sich bei Kindern ähnlich wie beim Klebstoff: Es wird gerne mal dick aufgetragen. Besonders preiswert ist Voll- und Abtönfarbe aus dem Baumarkt. Sie kann bei Bedarf mit Wasser verdünnt werden und ist außerdem geruchs- und schadstoffarm.

Basteln mit Naturmaterial

Draußen in der Natur kann man bei einem Spaziergang Blätter, Zweige, Tannenzapfen, Steine, Blumen, Kastanien und vieles mehr sammeln. Jede Jahreszeit hält andere Schätze bereit, aus denen man zuhause tolle Sachen basteln kann. Wichtig ist, dass beim Sammeln Rücksicht genommen wird. Bitte nicht einfach frische Zweige von Bäumen brechen oder Blumen aus fremden Vorgärten pflücken.

Auch im Supermarkt kann man übrigens viele tolle Bastelmaterialien finden. Maiskörner und getrocknete Bohnen oder Linsen zum Beispiel. Aber auch mit Bananen, Äpfeln, Nüssen und Eiern lassen sich tolle Sachen machen. Vieles davon haben Sie vielleicht schon zu Hause, sodass Sie gleich loslegen können.

Manche Naturmaterialien wie Äste, Zweige und Steine gibt es das ganze Jahr über. Andere Dinge, wie Blätter, Blumen oder Kastanien, gibt es nur zu einer bestimmten Jahreszeit. Wenn Blumen und Blätter in einem dicken Buch gepresst werden, kann auch im Winter noch damit gebastelt werden. Kastanien und Eicheln lassen sich im Gefrierschrank einfrieren und für später aufbewahren.

TIPP: Äste und Zweige sollten einige Zeit trocknen, bevor damit gebastelt wird. Das Holz schrumpft beim Trocknen und lässt sich danach gut sägen, schleifen, kleben und bemalen.

Basteln mit Salzteig

Du brauchst:
2 Teile Mehl
1 Teil Salz
1 Teil Wasser

1 Gib die Zutaten in eine Schüssel und verknete sie mit der Hand, bis ein geschmeidiger Teig entsteht. Sollte der Teig noch bröseln, gibst du ein ganz klein wenig Wasser dazu. Ist er zu klebrig, knetest du etwas Mehl ein.

2 Für einen bunten Salzteig knetest du etwas flüssige Lebensmittelfarbe unter. Gib einfach ein paar Tropfen auf den Teig und arbeite die Farbe gut ein, bis alles gleichmäßig durchgefärbt ist. Sollte der Salzteig durch die flüssige Farbe weich werden, einfach noch etwas Mehl zugeben.

3 Forme aus dem Teig wie beim Kneten dein Objekt und lass es ein bis zwei Tage an der Luft trocknen. Dann schiebst du den Salzteig bei 100 °C in den Backofen und lässt ihn aushärten. Auf dem Backblech auskühlen lassen.

Kuvertüre schmelzen

1 Zum Schmelzen der Kuvertüre etwas Wasser bei niedriger Temperatur in einem Topf erwärmen. Hacke die Kuvertüre klein, gib die Hälfte in eine Schüssel und stelle diese in den Topf. Dann lässt du die Schokolade unter Rühren langsam schmelzen.

2 Nimm die flüssige Kuvertüre aus dem Wasserbad und rühre den Rest unter, bis auch dieser geschmolzen ist. Die Schokolade abkühlen lassen und anschließend erneut ganz langsam über dem heißen Wasserbad unter Rühren erwärmen (das nennt man temperieren). Sobald die Kuvertüre wieder schön flüssig ist, kannst du sie verarbeiten.

Basteln mit Eiern

Zum Ausblasen mit einer dicken, spitzen Nadel oben und unten ein Loch in das Ei stechen. Danach die Löcher mit einem Kreuzschlitzschraubenzieher weiten. Den Eidotter im Inneren zerstechen und das flüssige Ei aus der Schale pusten.

Die Eier gründlich mit Wasser spülen und aufrecht z.B. in die Mulde einer Muffinform stellen, damit das Wasser und das restliche Eiweiß aus dem Inneren herauslaufen können.

Zum Bemalen die ausgeblasenen Eier auf ein Schaschlikstäbchen stecken. Unten und oben etwas Knete anbringen, damit das Ei nicht runterrutschen kann. Zum Trocknen einfach mit dem Schaschlikstäbchen in ein Glas stellen.

TIPPS: Der Stempel auf dem Ei kann mit Essig entfernt werden. Einfach ein paar Tropfen auf ein Tuch geben und damit über den Stempel reiben.
Rohe oder hartgekochte Eier färbt man mit speziellen Eierfarben, weil diese für Lebensmittel geeignet sind. Für rohe Eier verwenden Sie am besten Kaltfarben, die mit Essig angerührt werden.

VORLAGEN

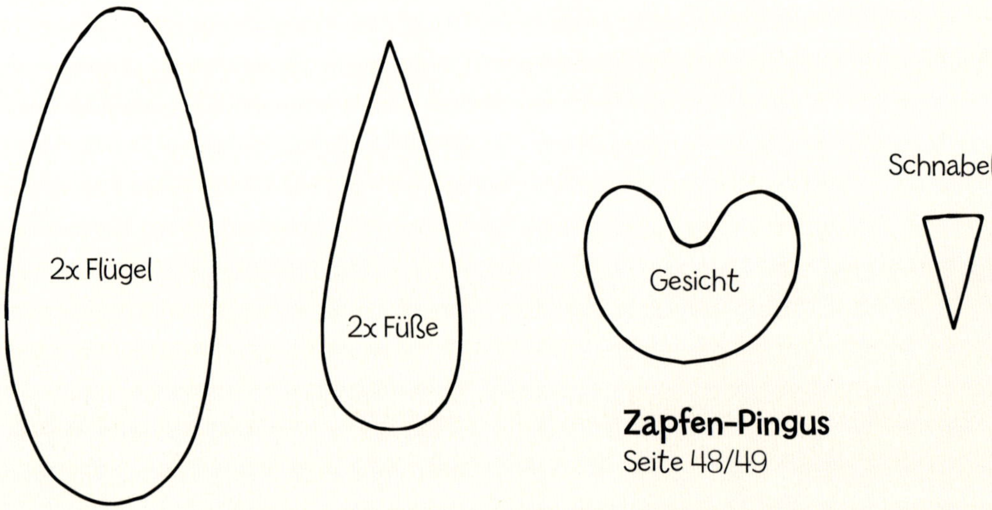

Zapfen-Pingus
Seite 48/49

Rindensterne
Seite 42

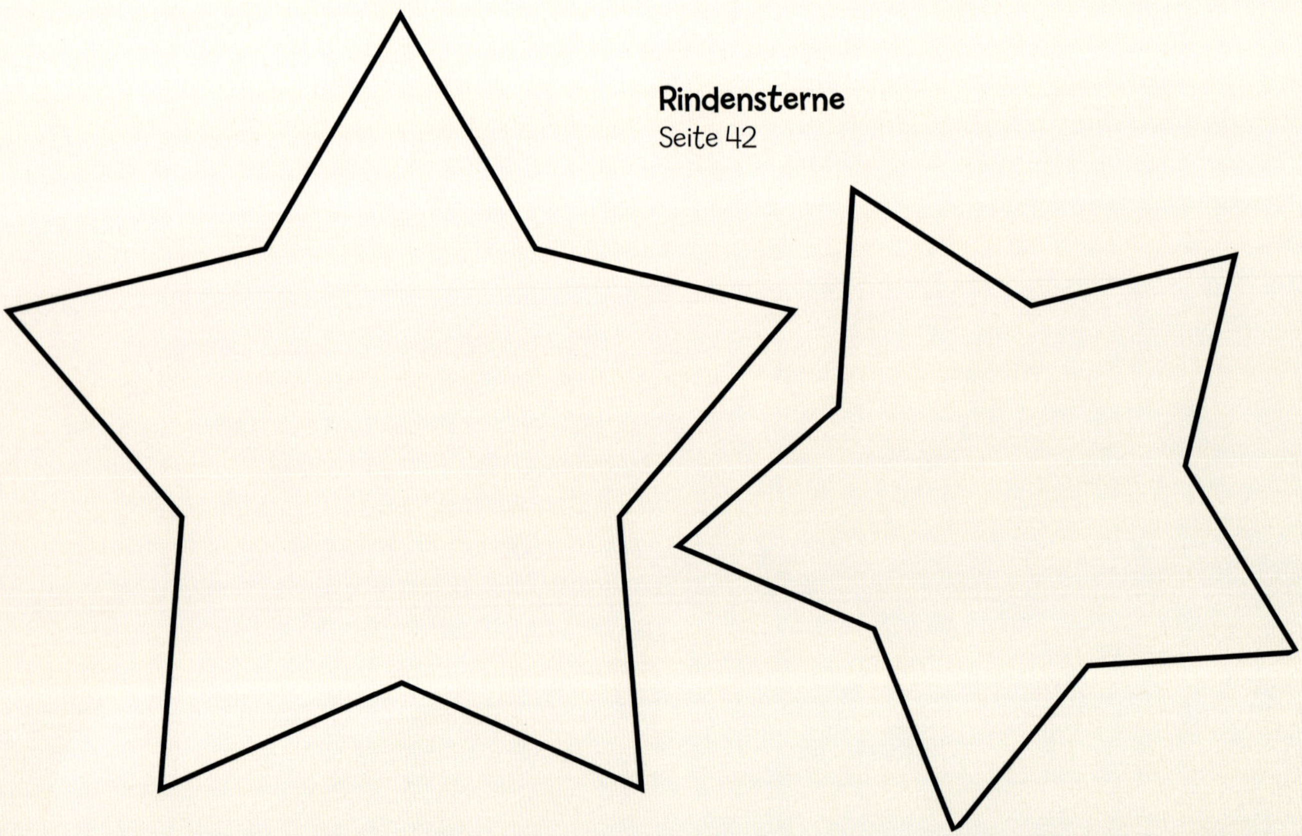

Kleine Tannen
Seite 47

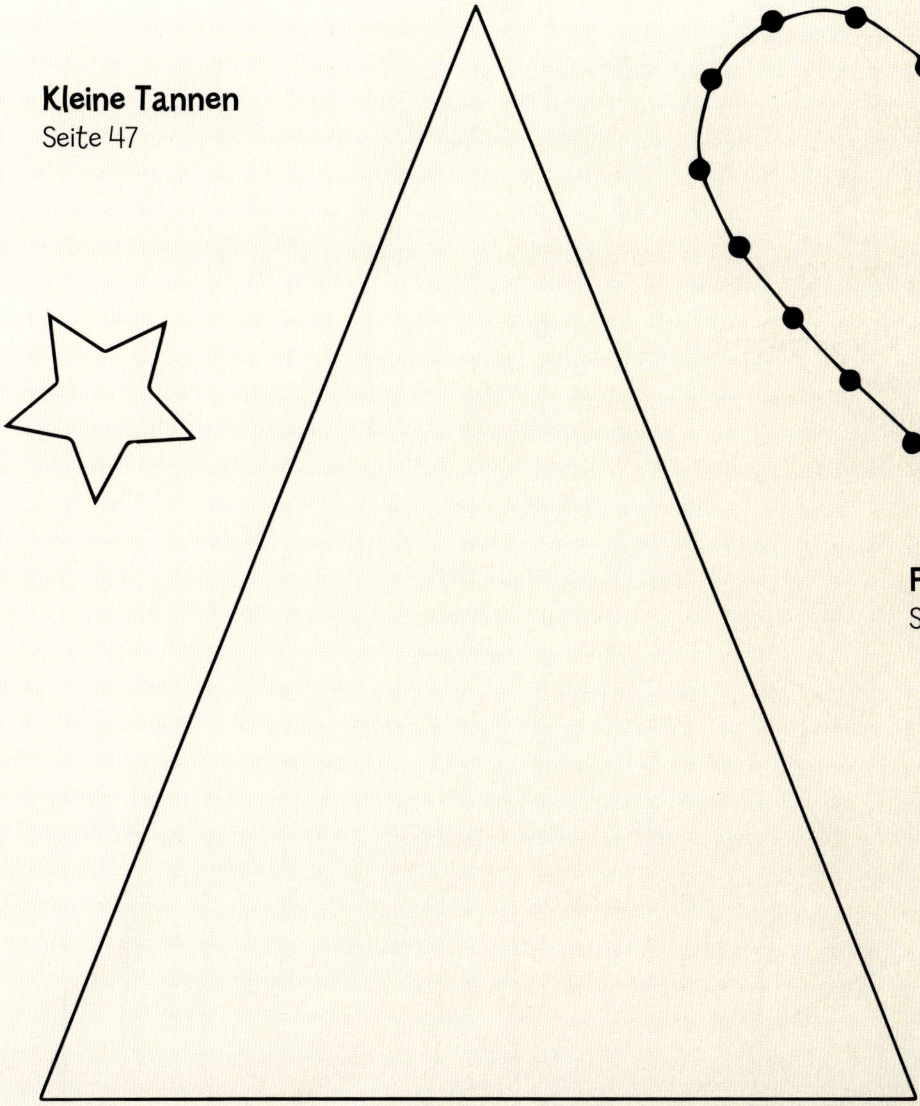

Faden-Herz
Seite 59

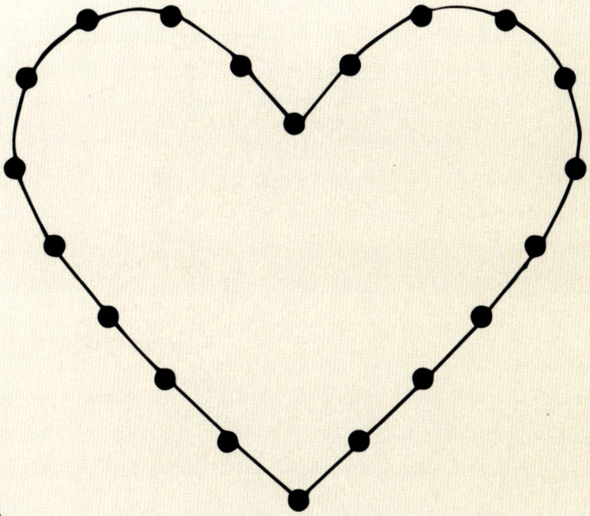

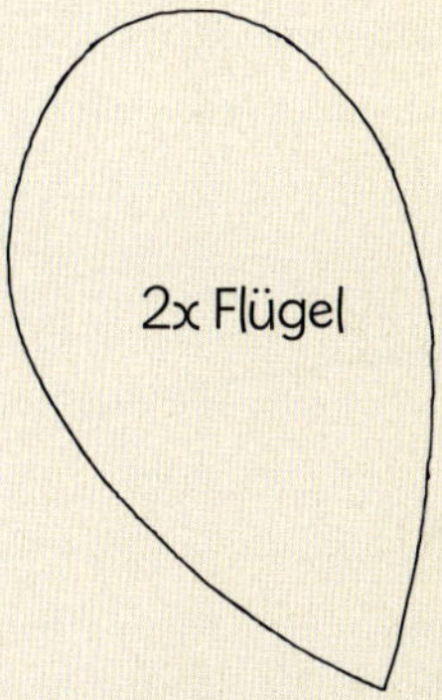

Kieselstein-Biene
Seite 18

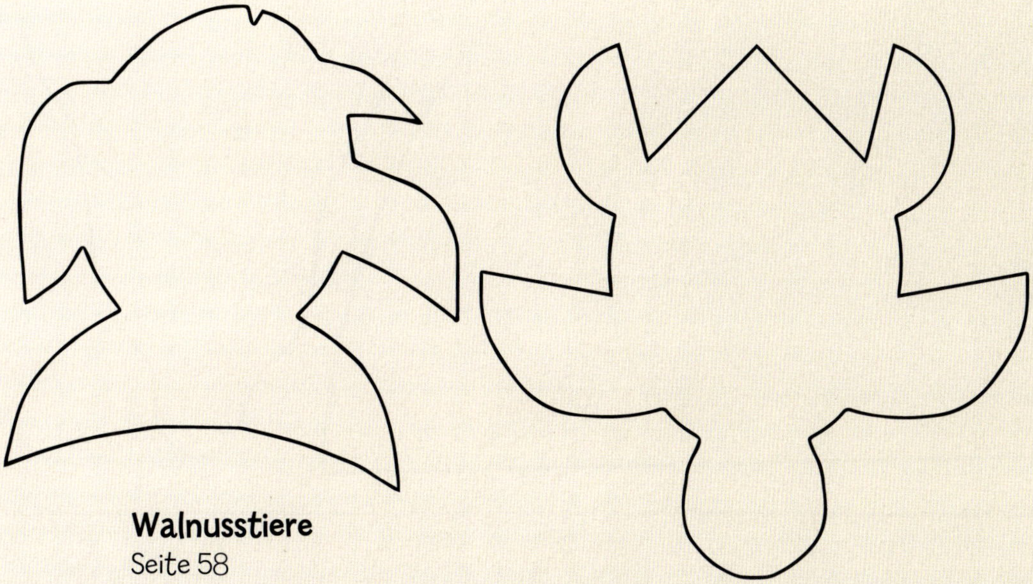

Walnusstiere
Seite 58

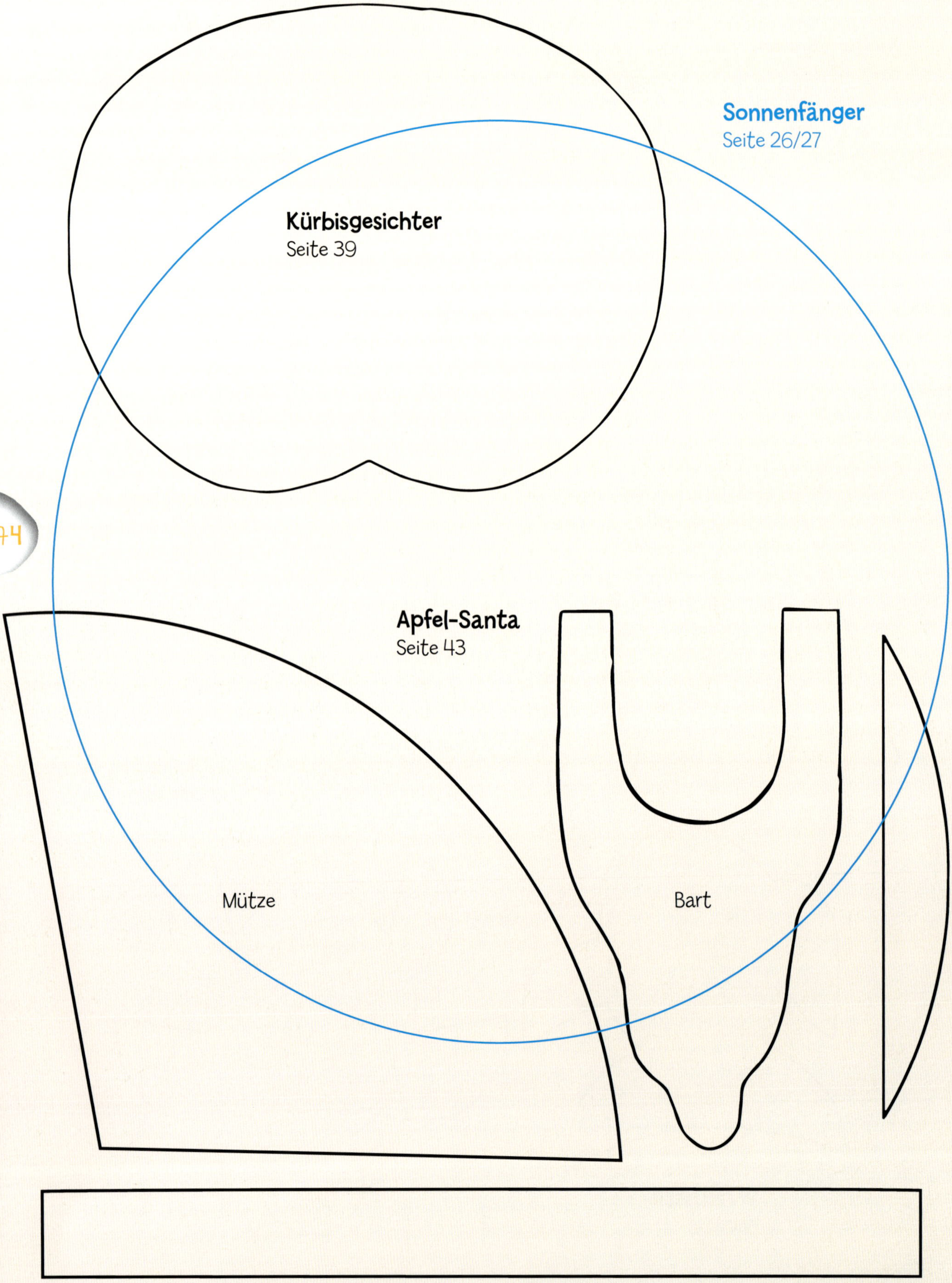
Sonnenfänger
Seite 26/27
Kürbisgesichter
Seite 39
Apfel-Santa
Seite 43
Mütze
Bart

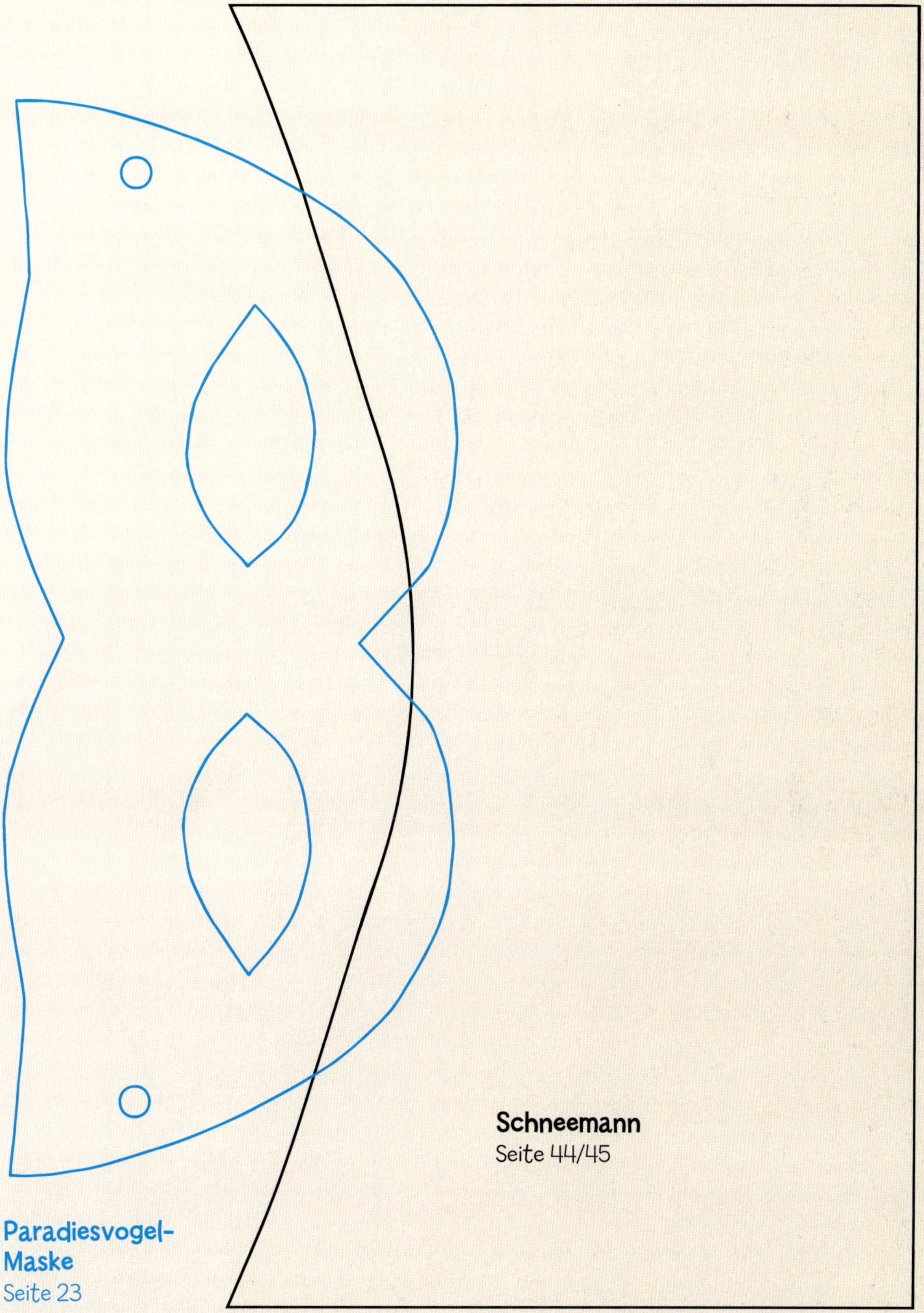

Schneemann
Seite 44/45

Paradiesvogel-Maske
Seite 23

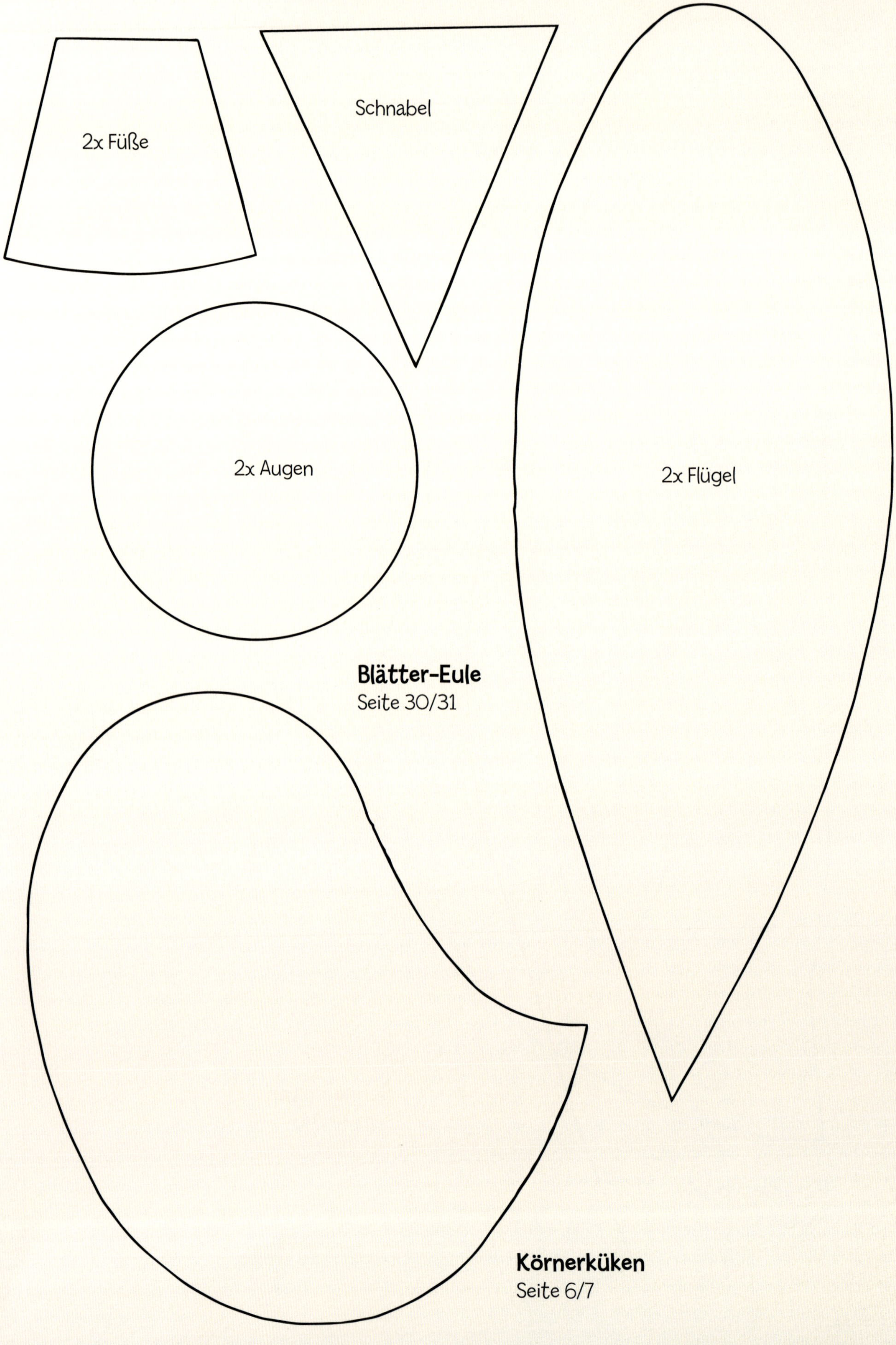

Blätter-Eule
Seite 30/31

Körnerküken
Seite 6/7

Eiertiere
Seite 11

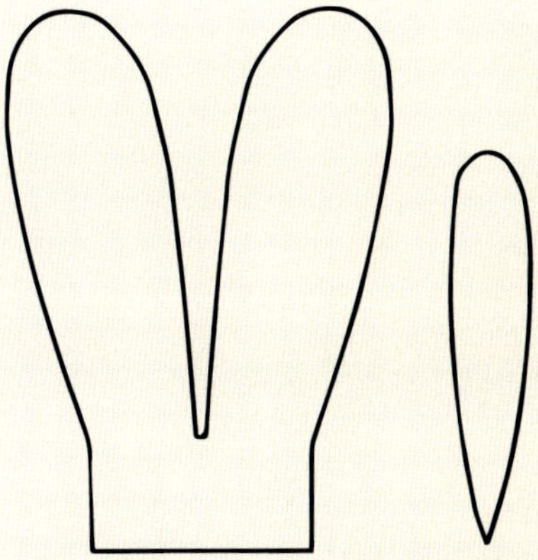
Hase

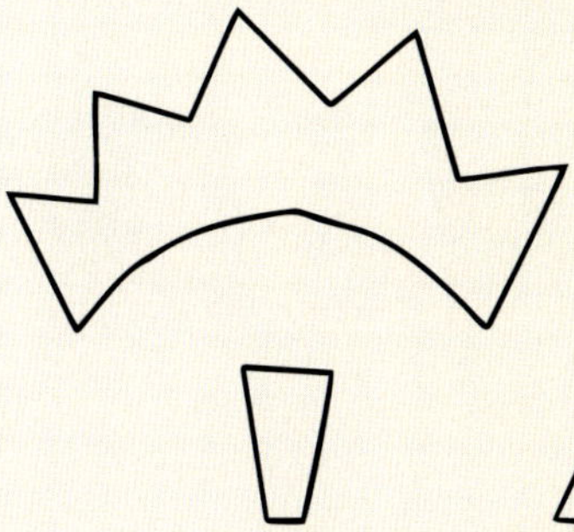
Huhn

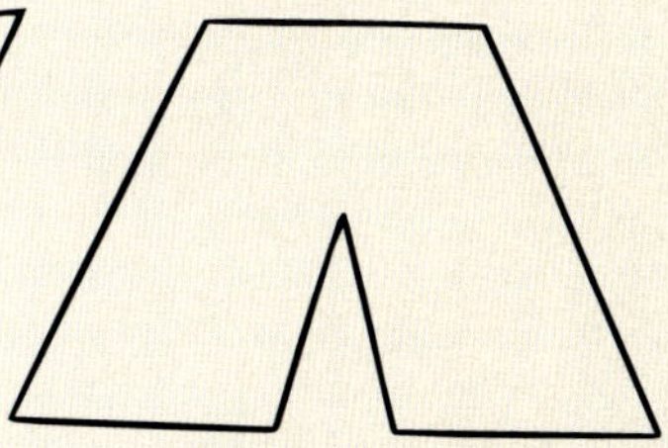
Hase und Huhn

Schaf

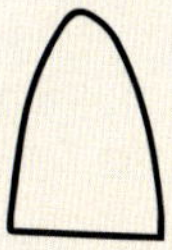

Mais-Rakete
Seite 32/33

Fenster

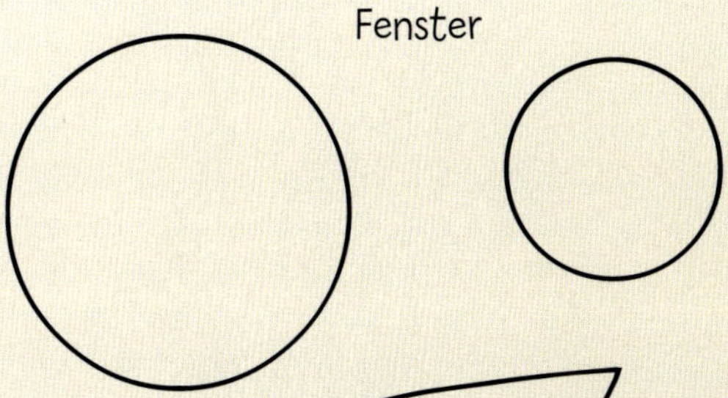

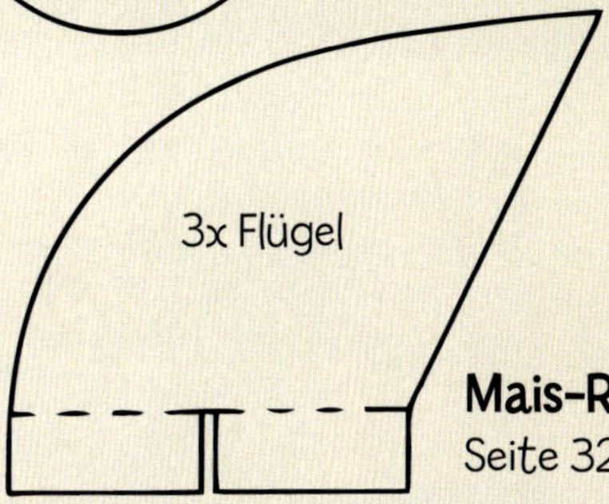

Stockfisch
Seite 24

Buchtipps für dich

Noch mehr kreative Bücher zum gleichen Thema gesucht?

ISBN 978-3-7724-7671-6

ISBN 978-3-7724-7832-1

ISBN 978-3-7724-7872-7

ISBN 978-3-7724-4614-6

ISBN 978-3-7724-8473-5

ISBN 978-3-7724-7881-9

ISBN 978-3-7724-4461-6

ISBN 978-3-7724-4462-3

ISBN 978-3-7724-4459-3

ISBN 978-3-7724-4460-9

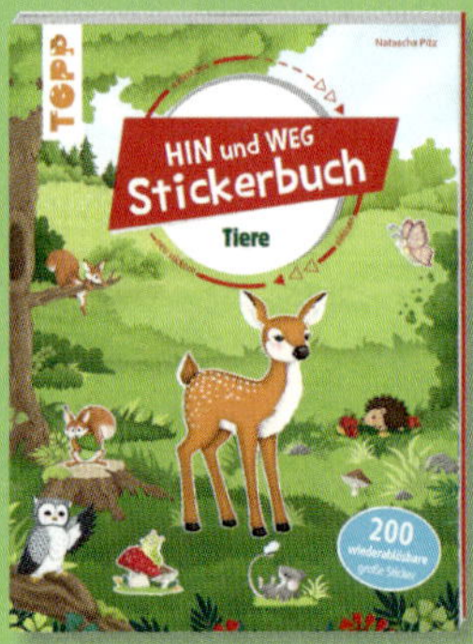

ISBN 978-3-7724-7844-4

ISBN 978-3-7724-8444-5

Viele weitere Kreativ-Bücher findest du auf www.TOPP-kreativ.de

Dürfen wir vorstellen?

Wir sind TOPP!

Uns, unsere Autoren, Bücher, Sets und viele, viele Bastelideen gibt's nicht nur auf Events und in Buchhandlungen, sondern natürlich auch online:

- www.TOPP-KREATIV.de
- www.TOPP-KREATIV.de/Newsletter
- www.Facebook.com/Frechverlag
- www.TOPP-kreativ.de/DigiBib
- www.YouTube.com/Frechverlag
- www.Instagram.com/Frechverlag
- www.Pinterest.com/Frechverlag

Susanne Pypke arbeitet als freie Lektorin und Kreativ-Autorin im Stuttgarter Westen. Ihre Leidenschaft für das Selbermachen hat sie schon früh entdeckt. Nichts war schöner, als an Regentagen zu basteln, in Mamas Nähkästchen zu kramen oder die Gerätschaften in Papas Werkstatt auszuprobieren. Ihr Können setzt sie bis heute in zahlreichen DIYProjekten um. Ein kleiner Ausschnitt davon ist auf ihrem Kreativblog fraeuleinfloh.blogspot.de zu sehen.

impressum

MODELLE: Susanne Pypke
FOTOS: frechverlag GmbH, 70499 Stuttgart; lichtpunkt, Michael Ruder, Stuttgart
SCHRITTILLUSTRATIONEN: schwab:illustrationen, Haselund
ILLUSTRATIONEN: designed by freepik.com
PRODUKTMANAGEMENT UND LEKTORAT: Janina Dieckmann
LAYOUT UND SATZ: Eva Grimme
DRUCK UND BINDUNG: PNB Print Ltd, Lettland

6. Auflage 2022

MIX
Paper from responsible sources
FSC® C084698

ISBN 978-3-7724-8422-3
Best.-Nr. 8422

Penguin Random House Verlagsgruppe FSC® N001967